都ぞ彌生

（明治四十五年寮歌）

横山芳《よし》介《すけ》君作歌

一

都ぞ彌生の雲紫に　花の香漂《たゞよ》ふ宴遊《うたげ》の莚《むしろ》
盡《つ》きせぬ奢《おごり》に濃《こ》き紅や　その春暮れては移らふ色の
夢こそ一時青き繁《しげ》みに　燃えなん我胸想《おもひ》を載《の》せて
星影《ほしかげ》冴かに光れる北を
人の世の　清き國ぞとあこがれぬ

る石狩の野に　雁《かりがね》はる〴〵沈みてゆけば
牧舎に歸り　手稲の嶺《いたゞき》黄昏《たそがれ》こめぬ
ゆる楡《えるむ》の梢《こずえ》　打振る野分に破壊《はえ》の葉音《はをと》の
く甍《いらか》に久遠《くおん》の光
かに　北極星を仰ぐかな

針葉樹林　橇の音《ね》凍《こほ》りて物皆寒く
る丶清白の雪　沈默《しじま》の曉《あかつき》霏々として舞ふ
あゝその朔風飆《へう》々として　荒《すさ》ぶる吹雪の逆まくを見よ
あゝその蒼空梢聯《つら》ねて
樹氷咲く　壯麗の地をこゝに見よ

四

牧場《まきば》の若草陽炎《かげらふ》燃《も》えて　森には桂の新緑萠《きざ》し
雲ゆく雲雀《ひばり》に延齢草《えんれいさう》の　ましろの花影さゆらぎて立つ
今こそ溢れぬ清和の光　小河の潯《ほとり》をさまよひゆけば
美しからずや咲く水芭蕉
春の日の　この北の國幸《さち》多し

五

朝雲流れて金色《こんじき》に照り　平原果てなき東《ひんがし》の際《きは》
連なる山脈《やまなみ》玲瓏《れいろう》として　今しも輝く紫紺《しこん》の雪に
自然の藝術《たくみ》をなつかしみつゝ　高鳴る血潮のほとばしりもて
貴《たう》とき野心の訓《おし》へ培《つちか》ひ
榮え行く　我等が寮を誇らずや

＊歌詞については，時代別の寮歌集によって異なる表現ないし表記があるが，本書は大正7年版『寮歌集』（札幌農科大学恵迪寮）に拠った。

横山芳介

学生時代の横山芳介〈横山芳男氏提供〉

北大寮歌「都ぞ弥生」の作詞者

小作官・横山芳介の足跡

田嶋謙三
塩谷　雄
大高全洋❖著

北海道大学図書刊行会

本書は社団法人札幌農学振興会の出版助成を得て刊行された

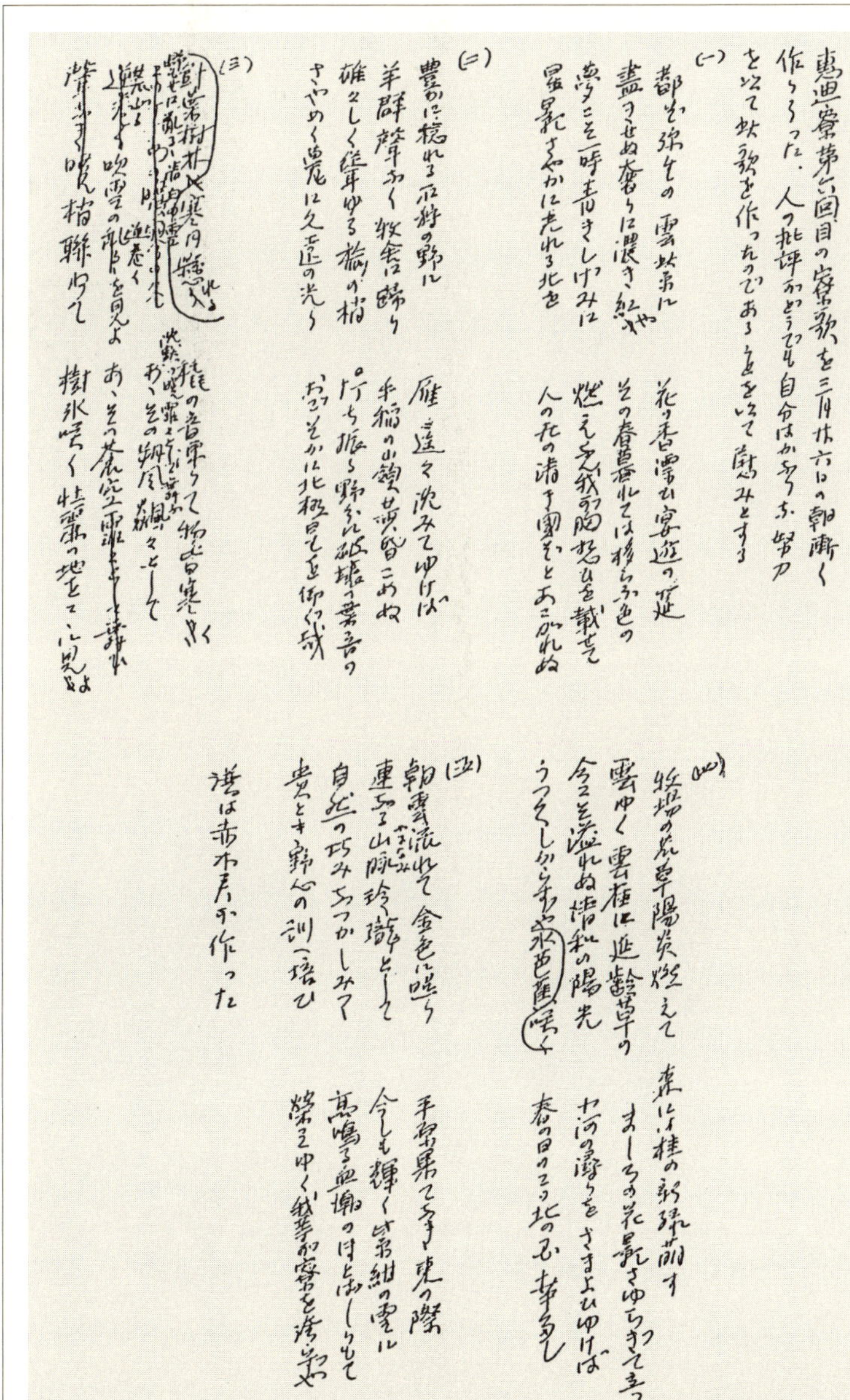
恵迪寮第六回目の寮歌を二月廿六日の朝漸く作りえた。人の批評がどうでも自分はかなりな努力を以て此歌を作ったのであることを以て慰みとする

(一)
都ぞ弥生の雲紫に　花の香漂ふ宴遊の筵
尽きせぬ奢りに濃き紅や　その春暮れては移らふ色の
夢こそ一時青きしげみに　燃えなん我胸想ひを載せて
星影さやかに光れる北を　人の世の清き国ぞとあこがれぬ

(二)
豊かに稔れる石狩の野に　雁遥々沈みてゆけば
羊群声なく牧舎に帰り　手稲の山嶺黄昏こめぬ
雄々しく聳ゆる楡の梢　打ち振る野分に破壊の葉音の
さやめく甍に久遠の光り　おごそかに北極星を仰ぐかな

(三)
寒月懸れる針葉樹林　橇の音凍りて物皆寒く
野もせに乱るる清白の雪　沈黙の暁霏々として舞ふ
ああその朔風飄々として　荒野に吹く吹雪の逆巻くを見よ
ああその蒼空梢聯ねて　樹氷咲く壮麗の地をここに見よ

(四)
牧場の若草陽炎燃えて　森には桂の新緑萌す
雲ゆく雲雀に延齢草の　まじろの花影さゆらぎて立つ
今こそ溢れぬ清和の陽光　小河の潺をさまよひゆけば
うつくしからずや水芭蕉咲く　春の日この北の国幸多し

(五)
朝雲流れて金色に照り　平原果てなき東の際
連なる山脈玲瓏として　今しも輝く紫紺の雪に
自然の巧みをなつかしみつゝ　高鳴る血潮のほとばしりもて
貴き野心の訓へ培ひ　栄え行く我等が寮を誇らずや

譜は赤木君が作った

「都ぞ弥生」草稿

「都ぞ弥生」当時の恵迪寮生(明治 44 年)　中央は佐藤学長・橋本教授・有島教授。
この中には横山芳介・赤木顕次の両氏もいるはずである〈北大附属図書館蔵〉

恵迪寮文学愛好会「凍影社」の同人(大正 3 年 5 月，北大植物園にて)
〈『恵迪寮史』より〉

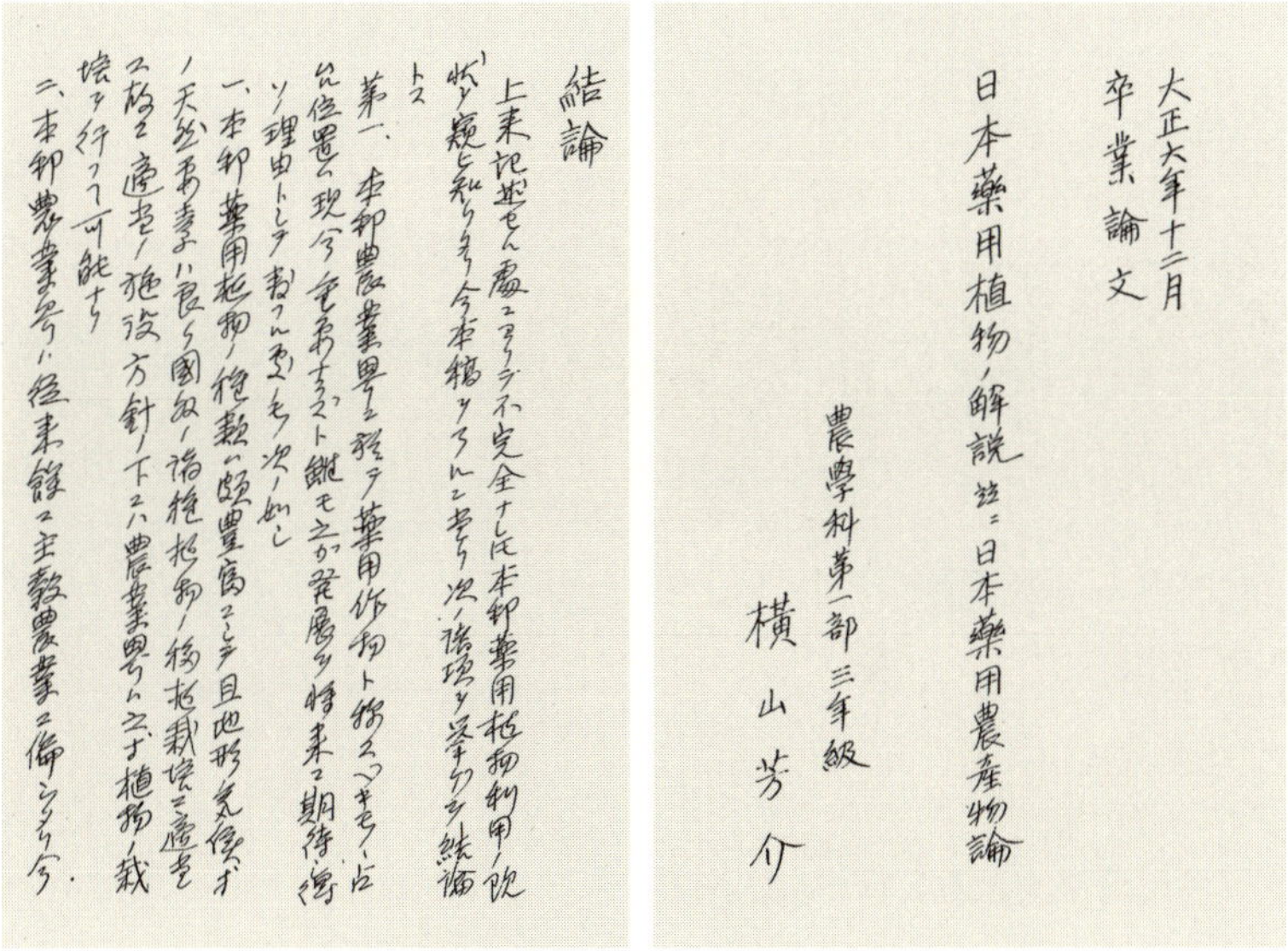
大正六年十二月
卒業論文
日本藥用植物ノ解説竝ニ日本藥用農産物論
農學科第一部三年級
横山芳介

結論
上來記述セシ處ニヨリテ不完全ナレ共本邦藥用植物利用ノ現状ヲ概ヒ知ラレタリ今本稿ヲ了ルニ當リ次ノ諸項ヲ擧ゲテ結論トス
第一、本邦農業界ニ於テ藥用作物ト稱スベキモノハ占ムル位置ハ現今重要ナラズト雖モ之ガ發展ヲ將來ニ期待シ得ル理由トシテ揭グルモノ次ノ如シ
一、本邦藥用植物ノ種數ハ頗ル豐富ニシテ且地形氣候ガノ天然要素ヨリ良ク國内ノ諸種植物ノ移植栽培ニ適セル故ニ適當ノ施設方針ノ下ニハ農業界ニ入ラザル植物ノ栽培ヲ行フコト可能ナリ
二、本邦農業界ハ從來餘リニ主穀農業ニ偏シタル今

横山芳介卒業論文〈北大農学研究科蔵〉

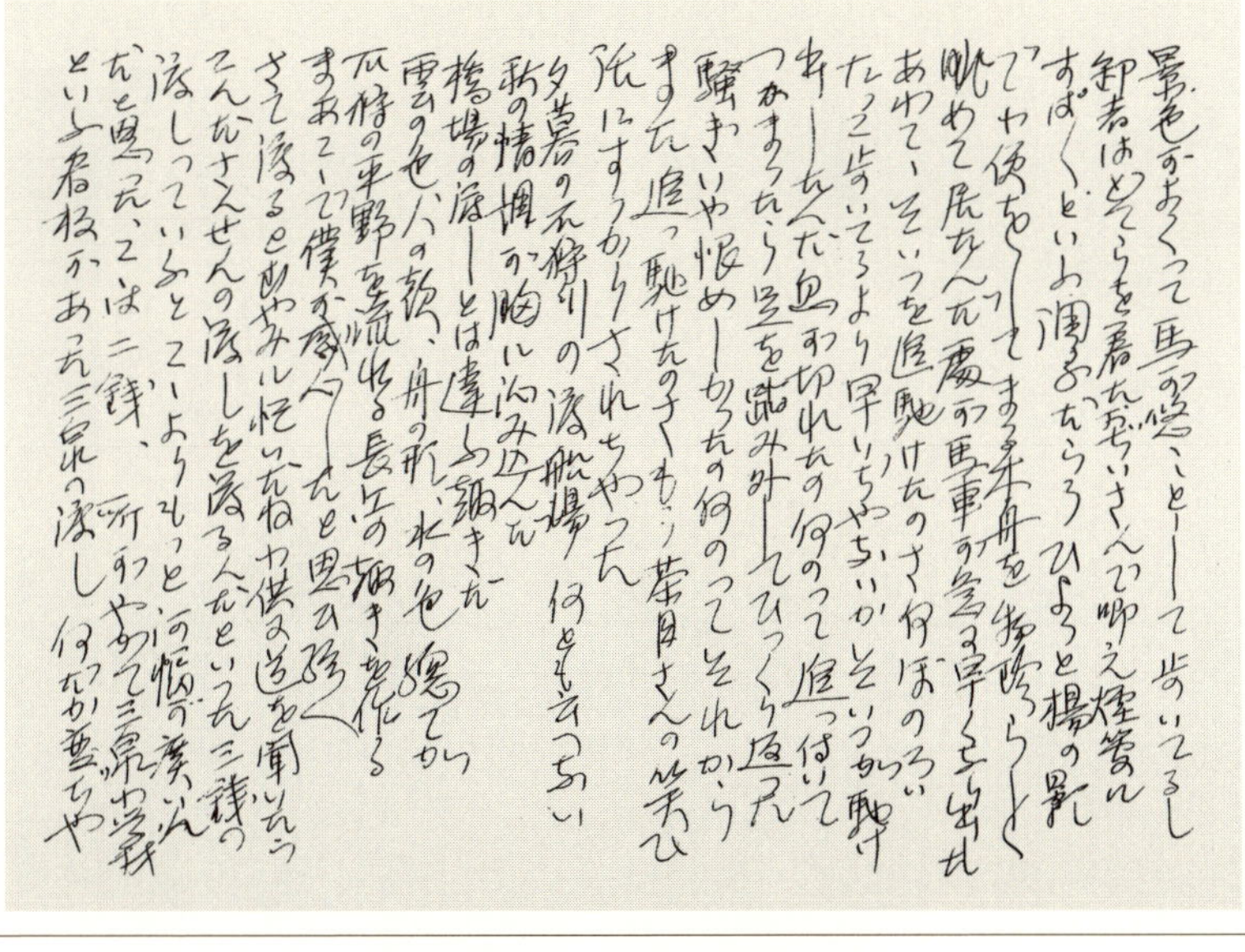

横山芳介のノートより〈横山芳男氏提供〉

旧恵迪寮(初代)全景〈『恵迪寮史』より〉

新緑の農科大学校庭(大正６年)　左方の建物は新築間もない中央講堂
〈北大附属図書館蔵〉

寄宿舎内部〈『恵迪寮史』より〉

遠友夜学校の卒業式〈『思い出の遠友夜学校』北海道新聞社，1995 年より〉

明治 27 年に設立された遠友夜学校の旧校舎〈北大附属図書館蔵〉

家族とともに（昭和７年４月，静岡にて）〈横山芳男氏提供〉

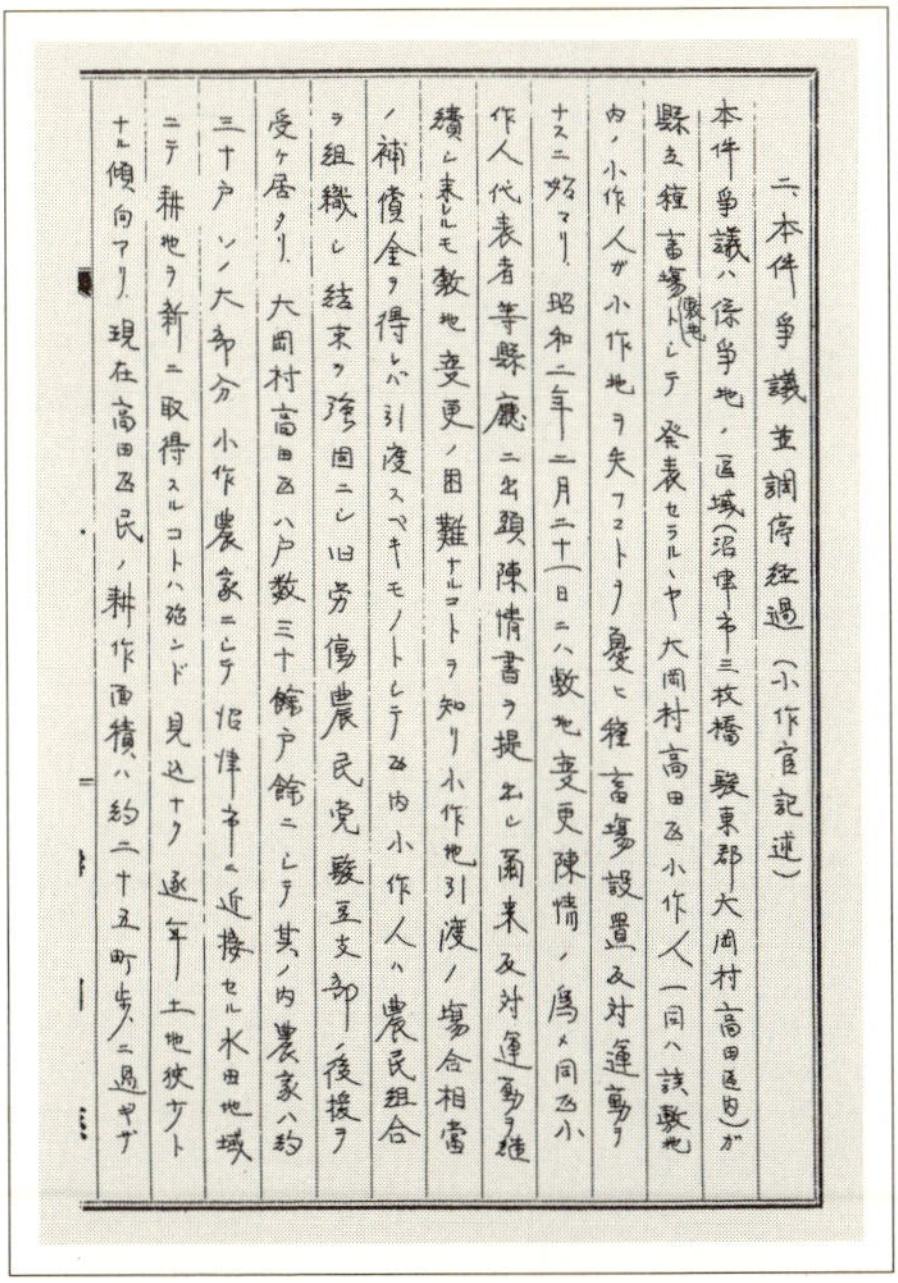

二、本件争議並調停経過（小作官記述）
本件争議ハ係争地ノ区域（沼津市三枚橋　駿東郡大岡村高田区内）ガ
県立種畜場（敷地）トシテ発表セラルヽヤ大岡村高田区小作人（一同ハ該敷地
内ノ小作人ガ小作地ヲ失フコトヲ憂ヒ種畜場設置反対運動ヲ
ナスニ始マリ、昭和二年二月二十（日ニハ敷地変更陳情ノ為メ同区小
作人代表者等県庁ニ出頭陳情書ヲ提出シ爾来反対運動ヲ継
続シ来レルモ敷地変更ノ困難ナルコトヲ知リ小作地引渡ノ場合相当
ノ補償金ヲ得レバ引渡スベキモノトシテ区内小作人ハ農民組合
ヲ組織シ結束ヲ強固ニシ旧労働農民党駿豆支部ノ後援ヲ
受ケ居タリ、大岡村高田区ハ戸数三十餘戸餘ニシテ其ノ内農家ハ約
三十戸ソノ大部分小作農家ニシテ沼津市ニ近接セル水田地域
ニテ耕地ヲ新ニ取得スルコトハ殆ンド見込ナク逐年土地狭サト
ナル傾向アリ、現在高田区民ノ耕作面積ハ約二十五町歩ニ過ギザ

大岡村事件に関する小作官記述〈農林水産政策研究所蔵〉

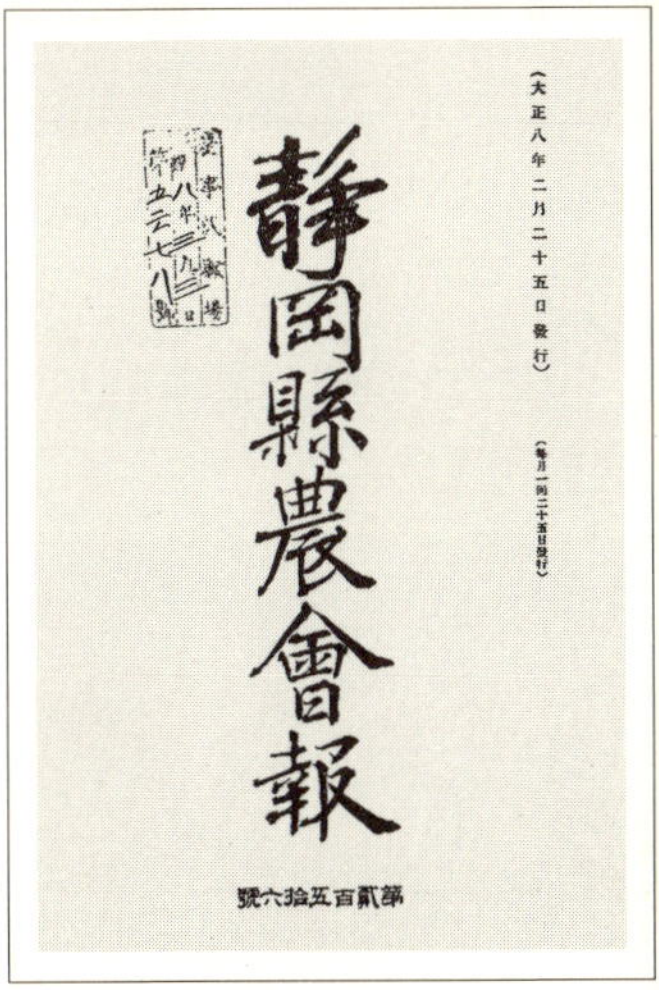

『静岡県農会報』表紙（大正８年）
〈農林水産政策研究所蔵〉

北大構内旧恵迪寮南側樹林に設置された「都ぞ弥生」歌碑の除幕式(昭和32年9月24日)〈北大附属図書館蔵〉

「都ぞ弥生」碑　横山芳介の業績を記念して，平成11年3月静岡県北大同窓会有志が横山の菩提寺・長源院境内に設置

長源院境内で行われた「都ぞ弥生」誕生90周年記念祭(平成13年10月19日)

はしがき

「都ぞ弥生」は明治四五年（一九一二年）東北帝国大学農科大学（北海道大学の前身）恵迪《けいてき》寮寮歌である。四季の折々、移ろいゆく北の自然を第一番から第五番まで歌い上げたこの寮歌は若人の心に新天地への限りない夢をかきたててきた。九〇年を経た今日でも北海道大学の入学式には「都ぞ弥生」が演奏されているというが、寮歌が国立大学の公式行事に組み込まれている例は他にはないだろう。この寮歌の歌詞が当時農科大学予科二年生であった横山芳介《よこやまよしすけ》の作であることはよく知られている。

横山にはもう一つ小作官の顔がある。小作官は大正一三年（一九二四年）に公布された「小作調停法」により設けられた独立性の高い専門職であるが、この制度が生まれた背景には、第一次世界大戦後に台頭した自由主義的な風潮、社会運動の勃興があげられる。大戦中の産業の発展によって生産活動は活発になったが、物価上昇が都市労働者や農民の生活を直撃し、労働運動、農民運動とともに各地で小作争議が起こり、社会問題に発展した。農商務省は風雲急を告げる小作問題の対応に迫られることになり、紆余曲折を経て小作調停法の公布にこぎつけ、小作争議の調停にあたる小作官が誕生したのである。横山は農科大学を卒業した後、静岡県農会技師、静岡県技師として活躍していたが、小作調停法の公布とともに全国一八人の初代小作官の一人に任命され、静岡県小作官に就任した。

小作官横山については寮歌の陰に隠れてほとんど話題にのぼることはなかった。後年、横山は肺結核を患い、四八歳の若さで世を去ったが、あらためて足跡を振り返ると、開明的(先進的)実務家として多くの農民から深く慕われた様子があざやかに浮かび上がってくる。また、農業関係の各種委員となって農業政策の立案に参画したり、月刊誌『静岡県農会報』に農業経営、農業技術に関する論文や提言を掲載したりして農業者の意識の啓蒙に尽くしたことも明るみに出てきた。驚くべきことは、わずか一五年という短い在職中に『静岡県農会報』に掲載した論文、評論の数はじつに七十数編にも及んだことである。

それはそれとして、私たちが関心を抱いたのは横山が学生時代に体験した「遠友夜学校」のボランティア活動と後の小作官時代の活躍との関連である。遠友夜学校は義務教育が受けられない貧困子弟に勉学の機会を与えるため、明治二七年(一八九四年)に新渡戸稲造夫妻が私財を投じて札幌に作った非公式の小さな学舎である。横山は有島武郎が夜学校の代表をしていた時期にこの学校のボランティア活動に参加したが、ここで体験した救済の実践は後の小作紛争の調停に少なからぬ影響を与えたに違いないと考えたからである。このテーマと真っ正面から取り組んでこそ、札幌農学校に源を発する「大志」を継承した横山の実像に迫ることができるものと確信したのだが、残念ながらこの問題を十分に解明することはできなかった。私たちがかざした小さな灯火が第二、第三の先駆者たちの手でさらに燃え盛らんことを心から願うのみである。

本書は二部構成とし、主題は小作官・横山芳介の実相に視点を置き、静岡県農会技師時代に芽生えた横山の開明的見解、小作制度論の展開、小作争議の調停事件における活躍の軌跡などを第二部に据えた。さらに横山の人となりを追って、札幌、静岡時代のさまざまなエピソードを第一部にまとめた。執筆は第一部を田嶋謙三、第二部を塩谷雄が受け持ち、あとがきを大高全洋が書いた。

私たち三人は一九五〇年代後半を札幌の同じ下宿で過ごした仲間である。札幌を離れてからはそれぞれ別の道を歩んだため交流は途絶えたが、数年前に連絡を取り合い、あらためてこの問題に取り組んできた。


今からさかのぼること三十数年ほど前、執筆者の一人は横山の長男横山芳男さん（現在武蔵野市に在住）と偶然の出会いがあった。昭和四四年（一九六九年）の春のことである。林野庁が木材工業団地の標準規模の設計をコンサルタントに委託することになり、最初の会議が開かれたときのことであった。長身で精悍な顔つきの美男子から「日本工業立地センター主任研究員横山芳男」という名刺をいただいたのをはっきりと覚えている。

「あなたの名前は有名な寮歌を作った人の名前と一字違いですね」

と小声でいうと、

「それは多分私の親父でしょう」

まさに、青天の霹靂であった。

そのころ、毎週土曜日の午後、農科大学出身の老紳士たちが三々五々銀座のサッポロビール談話室に集まっては旧交を温めていることを聞いていた。幹事役は学生時代に横山を「芳《よ》っちゃん」と呼んだ親しい友人の樋口桜五氏(大正三年恵迪寮寮歌「我が運命《さだめ》こそ」の作詞者)であると伺っていたので、早速、つぎの土曜日の午後、芳男さんと一緒に談話室を訪ねた。談話室には樋口氏をはじめ、木原均氏(大正二年恵迪寮歌「幾代幾年」の作詞者)、星野奇氏(大正九年桜星会会歌「瓔珞《ようらく》みがく」の作曲者。旧姓置塩)、東京エルム新聞編集長山口哲夫氏、そのほか何人かの人たちが芳男さんの来訪を待っていた。芳男さんは戦災で焼け残ったものだといって風呂敷から一冊のノートを取り出した。横山が「都ぞ弥生」を作った頃に書いたと思われる詩や随想でびっしりと埋まっていて、横山の札幌時代の一端をうかがい知る貴重な資料であった。それから間もない昭和四九年(一九七四年)六月、山口哲夫編『都ぞ弥生』が出版されて反響を呼んだことは周知の通りである。

本書を執筆するにあたっては、横山の私的な資料が戦災でほとんど焼失してしまったため、手探りの悪戦苦闘が続いたが、生存する「語り部」ともいうべき芳男さんが微かな記憶を呼び戻していろいろな思い出を話してくださった。しかも、第一部の私的な部分の記述については、快く正誤の労をとってくださった。樋口桜五、山口哲夫の両氏はすでに故人であるが、生前に船橋、久が原のご自宅にお邪魔しては横山の回顧談に耳を傾けたものである。社団法人札幌農学振興会理事長兼北海道大学大学院農学研究科長・農学部長太田原高昭氏および同大学院農学研究科教授三島徳三氏からは「横山芳介論」に多くの示唆をいただいた。鈴木脩造氏(前家の光協会会長・静岡県農協中央会会長)は静岡市長源院境内の「都ぞ弥生」歌碑建立の発起人、歌碑の由来を刻む碑文の起草者であるが、県内の農業者に語り継がれている横山の数々の秘話や逸話を聞かせていただくことができた。静岡市在住の国文学者桑原敬治氏には横山の論文の収集に格段の協力をいただいた。

本書出版については、社団法人札幌農学振興会から多大のご支援を賜りました。その結果、本書は刊行実現の運びとなりました。また、北海道大学図書刊行会には特段のご配慮をもって本書の刊行をお引き受けいただいた。なお、北大合唱団ＯＢ会から寮歌「都ぞ弥生」のＣＤ原盤を提供していただいた。このＣＤ原盤は、二〇〇二年九月一五日札幌コンサートホール〝キタラ〟で開催された北大合唱団ＯＢ会第七回演奏会で、景浦暁氏が合唱用に編曲したものを江田耕児氏の指揮で歌った録音であり、本書添付のＣＤは、これを複製したものである。最後に北海道大学図書刊行会の前田次郎氏からは貴重なご意見をいただいた。

これらの方々に心から感謝を申しあげる。

二〇〇三年三月

執筆者一同

北大寮歌「都ぞ弥生」の作詞者

小作官・横山芳介の足跡——目次

目　次

第一部　横山芳介の生涯

田嶋謙三

第一章　札幌時代

一　北の大地へ

横山芳介は明治二四年(一八九一年)五月八日、貴族院書記官横山光次郎の長男として東京市神田区駿河台鈴木町二四番地(現お茶の水橋の神田寄りのたもと)で生まれた。この年はわが国の一巡査が滋賀県大津で訪日中のロシア皇太子を切りつけて負傷を負わせた大津事件が起こった年であるが、父光次郎はその大津の薪炭問屋「近江屋」の生まれであり、先祖代々の墓はずっと大津市青竜寺にあった。

父光次郎の風貌には威厳があり、それに加えて、気品があった。ところが、反面、死の直前まで酒を求めて止まなかった酒豪で、他人のいうことはいっさい聞こうとしない頑固者であった。横山はこのような父親の背中を見て育ったが、光次郎と顔立ちが似ていたので、後年、静岡の自宅の応接間に掲げた光次郎の肖像画を見て、横山と勘違いする訪問客は少なくなかったという。

横山は成人してからも父親の呪縛から抜け切ることができず、父親に似ていることをずいぶん気にしていたようである。その気持ちはつぎの歌(横山芳介のノートより)によく現れている。

父に肖《に》ず富貴を好む吾なれば　世に出でしとき悲しみあらん

横山は小学校を東京女子高等師範学校付属小学校で、中学校を東京高等師範学校付属中学校で過ごし、明治四二年(一九〇九年)に卒業した。その年は進学コースをめぐって父親と意見が折り合わず、経済事情も加わって進学を諦めざるを得なかった。翌年、法律を学ばせることを主張して止まなかった父親に歩み寄りがみられ、大阪の難波新地の戸田家(光次郎の友人といわれる)が学費を負担するという了解も得られたので、明治四三年(一九一〇年)三月に東京で入学試験を受けて九月に札幌の東北帝国大学農科大学予科に入学した。

東北帝国大学は東京、京都につぐ三番目の帝国大学として明治四〇年(一九〇七年)六月に理科大学および農科大学の二分科大学の構成で開学し、本部を仙台に置いた。農科大学は札幌農学校がそのまま昇格したが、仙台に新設される予定の理科大学は開学が遅れ、横山が入学した年は東北帝国大学の実態は札幌の農科大学のみという経過的な時期であった。この時代の高等学校は第一高等学校から第八高等学校までの八校で、これらの高等学校には帝国大学に入学する者のために大学予科が設けられていた。農科大学予科は札幌農学校の予修科を引き継いだものであるが、帝国大学の予科であるということでは高等学校と同列にあった。

横山が農科大学予科を選んだ理由は、「学ぶべき地は北海道以外にはなく、本州などの高等学校に入ることなどは考えてもみなかった」といわれている。しかし、それは横山の本心ではなく、北海道という隔絶された地に来てしまえば、少年時代に鬱積した心のわだかまりから解放されるだろうと考えていたのではないかと推察される。

横山は心の中にどのようなわだかまりをもっていたのか、長男横山芳男さんは「父横山芳介の生い立ち」（『都ぞ弥生』所収）でつぎのように書いている。

＊　＊

「光次郎があまりに大酒飲みのため、〔芳介の実母は〕芳介が二歳の時に離婚して実家に帰っております。このため芳介は二歳から四歳まで高橋家に預けられ養育されることになります。高橋家との関係は不明です。芳介の歌に

肺を病みてわびしき世をばさりぬとか　我が小さきときなつきたるおば
一年は姉とも呼びし女なり　浪華に行きて酌婦せりとや

というのがあります。この頃の人を偲んだものではないかと思われます」

「芳介が小学校二年生のとき担任の先生からとも〔父の後妻〕が実母ではないということを聞かされ、非常なショックを受けます。このとき学校から大急ぎで帰り、光次郎に聞き糺《ただ》した処、異常なほどに激しく叱られ、今後そのことは一切口にしてはならないといわれます。そのため疑念はかえって深まります。このときから芳介の孤独な生活が始まることになります。祖母は私に芳介の子供の頃のことを『だんまりの芳ちゃん、だんまりの芳ちゃん』と呼んだといっておりましたが、義母ときかされてからは母親に甘えるということをしなくなったのではないかと察せられます。〔略〕後に北大予科の入学手続をするときに自分の手で戸籍謄本をとり、このことを決定的な事実として認識いたします。

芳介が北大予科に入ったとき実母は再婚して仙台におりましたが、大きくなった我が子をみたいというので、芳介に札幌にゆく途中是非会いたい旨を伝えてきます。芳介はこのとき初めて実母からの便りを受ける訳ですが、養母への義理から自分には母は一人しかいないといってこの会見を断ります。これきりで実母からの便りは絶えます。血のつながる実母への親愛の情を一切自分一人の心の奥深くに秘めていたその頃の心情は如何でありましたでしょうか」

＊　　＊

生まれてはじめて北海道に渡る横山は雨のみちのく路を東北本線で単身北上した。横山は列車の中でつぎのような歌を詠んだが、おそらく仙台の近くまで来たときの揺れ動く心境ではなかったかと思われる。

伴れもなく都を出でし我なれば　雨の続くは面白き哉

仙台を素通りして札幌まで来てしまった横山にとって、実母に会いたい思いは募るばかりであった。最初の学年末の休みになると、横山は矢も盾もたまらない気持ちになり、札幌から汽車に乗った。瞼の実母に会いたい一念で仙台に行こうとしたのである。ところが、なぜか気が引けて仙台で下車するのをためらい福島まで来てしまった。それから先、横山は東京の父親のところに帰ったのか、札幌に引き返してしまったのか定かでない。

福島の料理屋に来て長雨の　泥に濁りし阿武隈を見る

横山にはもう一つ心の挫折があった。中学生時代には文学を愛好し、将来は文筆家になることを心に決めていた。東京高師付属中学の教師も横山の素質を見抜いて、何度も光次郎に説得を試みた。光次郎は横山に法律を学ばせようとして譲らず、文筆家の社会的評価が低いことを表向きの理由にして、横山の希望や教師の申出を頑強に拒み続けた。横山は光次郎の真意がつかめず悩んだが、光次郎の風当りはますます強くなり、仕方がなく自分の手で文筆家への夢を摘んでしまったのである。

「学ぶべき土地は北海道以外になかった」といわしめた横山の真意は、孤独と挫折に蝕まれた心を蒼茫の北の大自然にさらけ出し、新たな息吹きで癒そうとしたからだろう。

札幌に住むようになってからも、横山は迷える心を多くの歌に詠んだ。

美しき命願へど時折に　醜き影の閃めくを見る
才もなく此世に生ける我なれば　長く生きんは望みにあらず
我心ひびの入りしに似たる哉　このままあらばこわれんと思ふ
若き日を恋もあらずに過しゆく　我影見れば涙にじむを
なつかしく夢にも入りしその心　はたちを過ぎて薄らぎし哉
思ふこと日々に崩れてそのままに　恨みもせざるあぢきなさ哉
わが心ひねもすかくてなやみたり　その嘲りを思ひ出だして
よしさらば何事もいはで今日もあらん　胸をかまるるさびしさのする
歓楽を夢の古巣にたづねては　苦き毒酒の覚むる淋しさ

二　恵迪寮の生活

横山は東京高師付属中学校に入学した年に『札幌農学校』（札幌農学校学芸会編）を友人から借り

て読んだ。この本は明治三一年（一八九八年）に東京の裳華房から出版されたものであるが、明治三五年には「札幌農学校入学の栞」と「自東京至札幌旅行案内」が加わった増補第三版が出た。横山が読んだのは増補第三版であったと思われるが、これには札幌農学校が誕生した経緯と現状が書かれており、さらに、札幌の気候、風物、社会が学問の探求には最適であることが強調されていた。札幌農学校は特異の歴史と独特の学風を育んでいながら、あまり世間に知られていなかったが、この改訂版が世に出るに及んで、にわかに若者の関心を引き寄せ、なかでも札幌の四季が青春の心の涵養に大きな役割を果たしているということを綴った名文が好評を博した。横山が中学在学中に札幌農学校は東北帝国大学農科大学に昇格したが、この改訂版を通して横山の心に札幌農学校―農科大学のイメージが鮮明に植えつけられたことは想像に難くない。

横山が札幌にやって来たころの人口は約六万で、北八条の大学から南七条の中島公園の入口までが街並みであった。横山がはじめて札幌駅頭に立って目に止まったのは、悄然とした駅通りを押し黙って通り過ぎる鉄道馬車であったという。駅から恵迪寮に向かう道路の両脇のどす黒い背の低い家並みにも荒涼と寂寞を感じた。横山は東京の友人に送った手紙に札幌の第一印象を「仁丹《じんたん》の広告一つ無い街だ」と書いている。

当時の高等学校は全寮制であった。例外の生徒を除けば、授業以外の時間はすべて寮の中で過ごした。自分を白紙に戻して何もかにもさらけ出し、純粋に燃焼する青春の魂と魂が触れ合い、それを出発点として無限の可能性に向かって探求の生活を行っていたのである。恵迪寮は札幌農学校寄宿舎の後身であり、札幌農学校には初代教頭であったクラークなど多くの先達が残した崇高なる大志を喚起して止まない教訓が形成されていた。恵迪寮にはこの校風を受け継いだ開識社という雄弁会があり、そこには札幌農学校という言葉を耳にするだけで迫ってくる異様な雰囲気が満ち溢れていたという。なかでも津軽海峡を渡って農科大学予科に入学してきた本州などの若者にとってはこの吸引力が強く働いた。横山は開識社主催の新入生歓迎会に出席して、参会者に北辺の地を開こうとする熱気が充満していたのを痛感し、恵迪寮の伝統によって自らの思索が深められていくだろうとノートに書き留めた。

この時代の予科生の出身地別のおおまかな比率は北海道内一三%、北海道外八七%であった。明治四一年(一九〇八年)から受験場が東京に設けられるようになったために、九割が東京で受験したといわれる。出身校にも固定化が見られ、東京から毎年入学してくる中学校は、府立第一、同第四、同第五、同第六、高師付属、麻布、開成などであった。

開成中学出身の樋口桜五(大正六年農科大学農芸化学科卒業)は横山より一年遅れて農科大学予科に入ってきて、横山を「芳っちゃん」、樋口を「おうちゃん」と呼び合う仲であった。樋口は昭和八年(一九三三年)刊行の『恵迪寮史』に「青春」と題して、

「静に眼を閉じて、大正二・三年の寮生活を追想する時、若き血は再び胸に脈搏の高鳴りを伝えてくれる。緑のローン、真白の銀花に囲まれた恵迪寮の四季、それは色そのまゝに、燃ゆる青春と汚れざる純潔との表象ではなかつたか。

〔略〕今遥にあの八坪あまりの南寮の一室に友と理想を語り、旧式のラヂエーターを前にコンパの菓子に笑ひ興じた寮生活の思ひ出は酌むべくあまりに懐しく清純な青春の泉ではないか」と恵迪寮生活を回想した。

寮の近くには原始林があった。夕方、二階から眺めると、原始林の梢を透かして放牧地が広がっており、その向こうには手稲山が聳え、山肌を赤く染める紅葉の中に夕日が深く沈む光景が横山の心を強く打った。東京育ちの横山にとって寮生活は小さな籠の中で飼育された小鳥が野辺に放たれたようなものであったとノートに書いている。自然のしとねに包まれているうちに、横山の孤独な心はしだいに和らいでいった。

北国の秋は慌ただしく訪れ、九月の終わりころになると、定山渓温泉で新入寮生の歓迎会が開かれた。前日の夜、横山は創成川沿いに並ぶ夜店で山毛皮の脚絆《きゃはん》と草鞋《わらじ》を買い、翌日の朝、友人と連れ立って恵迪寮を出発した。簾舞《みすまい》の分教場の庭で昼食を取ったあと、近道を選んで紅葉に彩られた御料林(皇室所有の森林)に分け入り、木馬《きうま》(そり状の木材運搬具で路面に盤木と称する枕木状の小丸太を横に並べてその上を人が曳く)道の上をしばらく歩き、豊平川の渓流を横切って貯木場まで来た。近道はそこで本道に吸収され、さらに山道を歩いて、夕方、湯煙が立ち昇る佐藤旅館に着いた。夜八時から歓迎会がはじまり、一行約二五〇名の寮生は寮歌を歌い、お国自慢の民謡を披露し、最後はストームで幕を閉じた。この歓迎会は友人を得る絶好のチャンスであり、後になって当時の寮生がさまざまな機会にそのときの思い出を懐かしく綴っている。

翌明治四四年(一九一一年)一月には生まれてはじめてスケートを履いた。器具庫の脇というから今の中央ローンの辺りだろう。三角山に出かけてゴザを敷いて雪滑りを楽しんだ。

きつつきの赤き羽こそなつかしや　雪の白きは美しけれど
吹雪する北の国なり面白や　橇の走せゆく鈴の音のよき
吹雪する淋しき宵に古き文　読めば飽かずも友の変りし

春になると恵迪寮の記念祭、円山公園の花見に前後して文武会の遊戯会(運動会)が寮の前の運動場で開かれた。札幌農学校設立のときから続いている伝統行事で、札幌市民にも開放された。クライマックスの仮装行列のときには、横山は黒人に扮し、小太鼓を叩きながらダンスを踊った。六月になると学年末試験の準備がはじまり、恵迪寮の明かりは夜半まで消えることはなかった。やがて横山は一年生を無事に通過した。

三　「都ぞ弥生」誕生の秘話

一九一二年は七月三一日までが明治四五年で八月一日からは大正元年である。一年の恵迪寮生活を終えて、横山はようやく寮生活のリズムをつかんだ。そして、中学校時代の友達との手紙のやり取りをノートに書き留めたり、詩を書いたりする文学的感性が眼を覚ました。

まず、二月一七日、予科三年生の谷村愛之助(第三七期恵迪寮委員長。明治四三年寮歌「帝都を北に」の作詞者。大正四年農科大学農芸化学科卒業)を中心に、横山も発起人に名を連ねた「凍影社」が呱々の声をあげた。ドイツ語の佐久間政一教授を顧問に仰ぎ、当時の新進作家の作品を取り上げて読書会を開くという恵迪寮生の文学愛好者の集まりであった。これと機を同じくして、恵迪寮機関雑誌『辛夷《こぶし》』が発刊され、横山は編集委員の一人になった。

後になって横山は凍影社誕生のいきさつを『辛夷』第五号につぎのように書いている。

「それは明治四十五年二月十五日の夜のことであつた。荷風氏が新しい傾向を示した作品を、その年の一月の中央公論と、三田文学に発表した。脚本『暴君』及び『わくらは』の批評をしやうと寄宿舎の集会室に数人が集つた。凍影社は此の夜始めて現出した。よしやその名は未だ定まらなかつたとはいへ、明にその日が凍影社の生れた日であつた」

また、凍影社という名前は横山の提案であったことを『恵迪寮史』の中の「思ひ出の恵迪寮」につぎのように書いている。

「凍影の名は、冬の晴れた日豊平川の堤を歩く度に、この色が、この色がと感じて居た、その印象は未だに私の眼に生々と残って居ます。その頃の豊平川には製氷場がありまして、冬になると氷を伐出するのです。堤の岸に二三尺の大さの氷材が馬橇に積まれて居るその氷の色は気持のよいものですが、私が何の出所も典拠もなく凍影といふ字を使つたのは、その豊平川の製氷場の伐出される氷が厚く積重なつて翳す色の感じです。雪の河原の向ふに黒い荒い川の流れが冬ざれの寂しさを身にしみさせるのに、之はまた脚下に灰色の雲を割つてぱつと射し込む太陽の光にきらめく氷の色の明るさ、朗かさ。凍影といふ字、その感じ、之は北海道の空と水が作り出した、と私は思って居ます」

凍影社の第二回の集会は三月二八日に開催され、社員(凍影社の参加者をこう呼んだ)は一三名に増えた。話題に取り上げた作品は谷崎潤一郎の『刺青』と鈴木三重吉の『女』であった。さらに四月八日の恵迪寮記念祭には凍影社同人が谷村の新作劇『断層』を上演して好評を博した。「都ぞ弥生」が発表になった歴史的な夜であったが、この夜の芳介の動静はよく分からない。第三回は四月二〇日に高浜虚子の『朝鮮』を取り上げ、第四回は五月一八日にヅーデルマンの『ハイマー』を恵迪寮内で読んだ。

大正二年(一九一三年)二月、谷村は病気を患い、故郷の京都府宇治に帰った。凍影社も自動的に休眠状態に追い込まれ、『辛夷』の発刊も延期になった。翌年の一月になって谷村が札幌に帰ってきたので、横山が凍影社の再開を提案し、二月一五日の夜、鈴木三重吉の『桑の実』を話題に取り上げた第五回の集会が駅前の「かにや」で開かれた。第六回の集会は三月八日、バーナード・ショーの『武器と人』、岩野泡鳴の『ボンチ』を読んだ。第七回は四月五日に開かれ、森田草平の『下手人』と後藤末雄の『素顔』を取り上げ、五月一七日には第八回の会合が駅前の「かにや」で行われ、これが最後の集会となった。

凍影社の社員は十数人の小人数で、華やかさはなかったが、内容には濃いものがあった。とりわけ寮生の心を奪ったのは、当時の文芸の最高峰の作家などは対象からはずし、新興作家なり文学の新潮派などに眼を向けていたことであった。当時、東京から札幌に届けられる出版物は限られていたと思われるので、これらの作家の作品を集めるのに苦労したことだろう。

恵迪寮機関雑誌『辛夷』も文芸誌の色彩が濃く、吹田順助、佐久間政一、有島武郎など予科教授の文芸論評をはじめ、寮生の創作、劇作、散文詩などが頻繁に登場した。このほかにも寮主催の各種行事や入寮者、退寮者の情報も掲載された。

注目されるのは、この時代の寮歌が『辛夷』の編集委員によって作られたことである。「都ぞ弥生」の横山、大正二年寮歌の「幾代幾年」の木原均(大正七年農科大学農学科第三部卒業)、大正三年寮歌「我が運命こそ」の樋口などこぞって『辛夷』の編集委員であった。

凍影社の集会や『辛夷』編集委員会に出席したときの横山の表情は普段と違って自信と輝きに満ちていたという。横山はしばしば筆記の役を買って出たが、毛筆で書く書体は流麗で、巻紙を左手に持ち、これを巧みに回しながら書き流していく手さばきはあざやかというほかはなかったという。

つぎに寮歌の誕生である。明治四五年寮歌の作詞者の選定に関しては二つの説がある。一つは公募説であり、三編の応募作の中から楽譜選定委員の赤木顕次(「都ぞ弥生」の作曲者。大正五年農科大学畜産学科第一部卒業)が「都ぞ弥生」を選んだというものである。もう一つは指名説で、誰からともなく横山に声がかかり、仕方がなく横山が引き受けることになったというものである。しかし、寮歌誕生の経緯を関係者の回想から追ってみると、いずれの説にも無理があるので、両説を折半したような方法で決まったのではないかと思われる。

赤木は「『都ぞ弥生』を作曲した頃」(『恵迪寮よ永遠に』所収)および「北大寮歌の思い出」(『都ぞ弥生』所収)で、こんな一文を書いている。

「『都ぞ弥生』を作る相談をやはり同窓であった故横山芳介君から受けた。その時私はこういう意見を述べたことを思いだす。当時世間に出ている校歌、寮歌はあまりにも調子が単調、平凡である。もっともっと変化に富んだメロディを作りたい。内容も格調の高いものにしたい——と。今考えると、随分生意気な思いをしたものだった。そこで二人で幾晩か語り合った。そしてその後しばらくしてから、この横山君の手で出来上ったのがあの歌詞だったのだ。

私はその歌を何度も何度も読み返した。なおそれからもいく度か作曲に不都合と思われるところを訂正すべく申し出て、やっとこれならと思えるものに仕上がったのであった。当時私はこれを読んでいるうちに非常に感激したもので、『藻岩の緑』を作曲する時に、あまりに軽率にやりすぎたことを思い出し、今度こそは詩の感動にはまり込んで何とかこの調を私は私なりのものに表現したいと決心した」

「私がこの歌詞を作曲するに至った動機は、作詞の感動が非常によくて、人をチャームする力があったのと、私と彼とは同室のよしみで、作詞の気に入らぬところがあれば、遠慮なく直す事ができると思うたので、やってみようという気になったのであった。

だから、作りながらも、さんざん横山と喧嘩した。作詞に文句をつけて直させたり、曲に文句を云われて直したり、そういう意味では、全く合同で作ったようなものである」

「都ぞ弥生」が完成するまでの横山は苦渋に満ち、気持ちは激しく揺れた。当時、日露戦争の勝利による厭世気分が生まれ、恵迪寮の中にも国家を離れて人生の意義に煩悶する者が多かったという。いっぽう、いまこそ国家の須要《しゅよう》に応じる人材の自覚を促すべしとする声も噴出しており、寮の中では国家主義をめぐる陰湿な対立が見られた。横山も「都ぞ弥生」を作るにあたってこの狭間で悩んだというが、つぎの歌はその苦悩の一端をうかがわせる。

今日こそと思ひ定めしその日さへ　しがなく紙を塗り散らしたる

三月二五日、最後の仕上げは恵迪寮の自室で夜遅くからはじまった。それから数時間後、窓から早春のあけぼのが差し込んできた時刻、布団から頭だけを出した横山は充血した目を瞬かせ、ようやくペンを取った。

恵迪寮第六回目の寮歌を三月二六日の朝漸く作り了った。人の批評がどうでも自分はかなりな努力を以て此歌を作ったものであることを以て慰みとすると走り書きをして、そのつぎの行に一節から五節までを清書した。書き終えてから、三節と四節に手を加え、ようやく「都ぞ弥生」は誕生した。

当時の高等学校の寮歌の主流は、国家を憂い、自治を称え、友情に感激するという護国調のものや自己陶酔調のものが圧倒的に多かった。そうした風潮の中で、横山があえて北の大地の四季の風景に魂を託した意図は何だったのだろう。横山のノートには恵迪寮から手稲山を仰ぎ見たとき自然を慕い憧れる不思議な感情が溢れ出てくるという記述がある。寮の中の国家主義をめぐる対立を乗り越え、自然に深く触れることによって、幼年時代に蝕まれた苦悩は癒され、心が純化され、より激しい生への執着が込み上げてくるのを感じたとも書いている。横山にとって北の大地はそれほど偉大な存在だったのである。

横山は後になって、第五節の、

自然の藝術《たくみ》をなつかしみつゝ　高鳴る血潮のほとばしりもて
　貴とき野心の訓へ培ひ
　栄え行く　我等が寮を誇らずや

の部分に最も苦心を払ったと友人に告白している。おそらく横山は札幌農学校時代から恵迪寮に脈々として流れている大志を「野心」と表現したかったのではないだろうか。その野心とは金銭や名誉や出世のための野望ではなく、人間として当然備えていなければならないヒューマニズムによる大志であり、その野心を育む風土こそ北の大地の四季の移ろいであることを主張しようとしたのに違いない。

それを裏づけるかのように、「都ぞ弥生」の詩調には重々しい情感が漂っていることを指摘する識者は少なくない。

高橋佐門は『旧制高等学校研究（校風・寮歌論編）』で明治後期の農科大学予科を含む高等学校九校の代表的寮歌の詩調を分析している。それによれば、一高の「嗚呼《ああ》玉杯」、二高の「天は東北」、三高の「紅萌ゆる」、四高の南下軍「たゞに血を盛る」、五高の「武夫原頭」、七高造士館の「北辰斜」はいずれも詩調は七五調六行であり、六高の「操陵の下」と八高の「伊吹おろし」は七五調四行である。一高から八高までの代表的な寮歌はすべて七五調の基本形であるのに、農科大学予科の「都ぞ弥生」だけが例外的に八七調八行であることを指摘し、その後、大正時代に誕生した高等学校の寮歌もほとんど七五調であり、「むしろ高校寮歌は七五調に固定されることを逆手に取ってその存在理由を持ったともいえる」。そうした風潮の中で「都ぞ弥生」だけがあえて八七調八行という形式をとるのだが、これが「かえって北海道という風土的に重々しい情感を表現するのに成功した例といえよう」と述べている。

七五調の型は、思想、情緒を意のままに歌い上げるためには語数が足りないという意見は古くからあった。それでも高等学校の寮歌が七五調に固執したのは、八七調には重苦しい調子があり、男子の歌である寮歌は自然の情感に細かく触れるのはいさぎよしとしない風潮があったからである。

もともと国家の須要に応じる人材の養成を目的として設立された本州などの高等学校と違い、札幌の農科大学にはアメリカ流の自由主義による建学の精神が脈打っていた。この異色の学風、横山に安らぎをもたらした厳しく新鮮な北の大地の風土、それに横山の優れた表現力の三つの要素が見事に融合し、八七調の詩調に情感溢れる詩情を盛り込むことができたのである。

「都ぞ弥生」が完成すると、恵迪寮二階の集会室の壁に大きな文字で書いた詩が張られ、夜になると寮生は三々五々集会室に集まり、「難しい寮歌だ」などといいながら、赤木のオルガンで練習をした。

四月八日が恵迪寮の記念祭で、昼は祝賀式と午餐会があり、夜は夕食会と夜会があった。最後のクライマックスで寮生一同が「都ぞ弥生」を歌い、永遠の名寮歌が生まれたのである。

「都ぞ弥生」は疾風のように北海道内を駆け巡り、早々と津軽海峡を渡って広く歌われるようになった。先に紹介した『旧制高等学校研究(校風・寮歌論編)』によれば、青森県立弘前中学校では毎週行われる徒歩旅行で旧制高校の寮歌を歌う習慣があったが、一高の「仇浪騒ぐ」、三高の「紅萌ゆる」についで北大予科の「都ぞ弥生」が新たに加わったという。旧制高校の寮歌は中学生によって全国に広がっていったことは想像に難くない。また、同書は札幌駅の駅員が北大生に接するときの心得書なるものを紹介している。その一節には「ときに寮生とともに、駅員ひとしく、肩を組みあい、寮歌を唱い、青春に共鳴の靴音を鳴らすことを許す」とあったという。駅のホームで歌う寮歌は応援歌、逍遥歌なども含まれていたと思われるが、代表的な寮歌は「都ぞ弥生」であったことは疑う余地はない。

四　青春大地の彷徨

横山は明治四五年七月の学年末試験で落第して予科二年に留め置かれることになった。

「私はもうほんとに失望した、新しき友人を索《もと》めることは私には堪へられぬ努力だ、私は失望した、もう此のまま何者をも索めずに生活せねばならぬ、何者の感悟もなく、口と顔の、顔面丈で交ってゆく、之が人生の華かなるべき高等学校時代の生活だらうか。

暗き天地よ、光なき学生の群れよ、偉大なる者の示現を焦心して待つ」（樋口桜五「横山芳介君詠草」『都ぞ弥生』所収、より）

「あゝゝ僕の心は□□知らぬ道へ走ってゆく。〔略〕僕の心は滅茶々々だ。右に流れ左に漂ってる。ほんとにつまらないからいくら遊んでも高等学校は三年で出るもんだよ」（横山芳介の「ノート」より、以下同じ。句読点は引用者による）

これは横山が落第の憂き目にあった年の暮れに書いたものである。当時の横山の文章を読むと、たえず孤独を抱えながら野性の魅力に強く引かれていることを感じる。横山は自らの体験から、いっさいの虚飾を捨て去り、真実だけを北の自然の情景に包み込もうとしていたかのようである。

つぎのいくつかの歌も、悲しみ、喜びを胸に秘めながら行き先の分からない道を歩いていく横山の青春彷徨の心の揺れ動きがよく表れている。

君を待ちて今宵空しく床に入りぬ　さらぬ人々賑かに来て
賑かに笑えば人はうなづけど　我を欺く道はなかりき
肺を病みて死にたくなりぬ美しき　臨終の場などまぼろしになる

同年九月、横山は恵迪寮の寮務委員に選ばれた。ただでさえ憂鬱な気分が充満しているのに、寮生の不平、不満が容赦なく横山に浴びせられ、横山はその処理に辟易とした。「落付て手紙を書いてる暇がない。此頃は寮務のごちゃ〳〵したことに責められて困ってる。十二月の改選が待ち遠しい」と友人に手紙を書いたのはその頃である。

横山は好んで札幌郊外の山や丘陵を歩いた。晩秋の日曜日、下駄を履いて藻岩山に登り、真駒内に下りてきたところで小石につまずいて下駄を二つに割ってしまったこと、初雪の日に月寒の種畜場に行って七面鳥の缶詰を開けて食べたこと、豊平川の堤防を散歩して中の島まで来ると、棒を立てて蔓をからませているドイツ式ブドウ栽培の農園があったことなどノートに残した。恵迪寮の横の原始林の中を散歩していると、ふと汽車に乗りたくなり、ふらっと小樽の天狗山へ登ったり、野幌の原始林をさ迷ったりしたこともノートに残っている。

横山は高師付属中学時代の友人で第一高等学校に進学したS君と頻繁に手紙の交換を行った。横山が北海道の旅行記をS君に送ると、S君から本州の旅行記が送られてくる。それを丁寧にノートに並べて書き写すという、いわば旅によって得たお互いの感性をぶっつけ合う青春彷徨の対話集ともいうべきものである。

ノートの終わりは、「此の一冊の中に私の生活の片影がある。私自身と私の胸の中に生きて居る友達とは皆私自身だと云うのに疑いはない」と結んでいる。おそらく、東京育ちの横山の心には津軽海峡を隔てた彼方への郷愁と北の自然への憧憬とが渾然と息づいていたことだろう。旅をしているうちに、孤独の息苦しさが消え去り、心はしだいに純化されていったのに違いない。そのまばゆいばかりの心の変化を横山はしっかりとノートに書き留めたのであった。

大正元年(一九一二年)一〇月にS君に送った「石狩旅行記」は四〇〇字詰め原稿用紙に換算して十数枚にも及ぶ。晩秋、札幌から歩いて石狩川河口まで行き、市街地で一泊し、翌日は日本海に沿って銭函《ぜにばこ》まで歩き、汽車に乗って札幌に帰ってくる一人旅の紀行文である。横山の繊細な眼差しがとらえた北辺の情景の描写は感動を誘うが、ここにその一部を転載する。句読点は引用者による。

「石狩街道は三本ある。何れも直線的の街道だ。藻岩の山から真直な道が見えるだらう。〔略〕創成川〔略〕がこの石狩街道に来る頃には水がまた沢山になって南側は楊柳《やなぎ》の茂っている処に紅葉や野葡萄が交って居る景色になるんだ。さうして例のクローバーをシンメンタールやホルスタイン、エアシアなんて牛がのさついて貪って居る。茨戸まで札幌から三里弱。こゝは創成川の石狩川に注ぐ処、創成川は豊平川の分流――といふより運河、舟の通じない――この辺には沢山のまる木舟がある。支那の景色がこんなだらうと思へる。〔略〕大変回りの景色がよくって、馬が悠々として歩いているし、御者はどてらを着たおぢいさんで啣《くわ》え煙管にすぱ〳〵といふ調子だらう。ひよっと楊の影で小便をしてまる木舟を物珍らしく眺めて居たんだ。処が馬車が急に早くなり出した。あわてゝそいつを追馳けたのさ。〔略〕追っ付いてつかまったら足を踏み外してひっくり返った」

「夕暮の石狩川の渡船場。何とも云へない秋の情調が胸に沁み込んだ。〔略〕雲の色、人の顔、舟の形、水の色、総てが石狩の平野を流れる長江の趣きを作る。〔略〕さて渡るとむやみに忙いだね。小供に道を聞いたら、こんだ〔今度〕さんせんの渡しを渡るんだといった。三銭の渡しっていふと、こゝよりもっと河幅が広いんだと思った。ここは二銭、所がやがて三泉小学校といふ看板があった。三泉の渡し、何だか変ぢやないかい。もう既に黄昏といふには最後の一時だった。□江の色は白く光って居る。野葡萄の赤い葉が僅にそれと知られる。之から真黒になった石狩街道を後ろに月を浴びて歩いて石狩の町に着いた。〔略〕白い一面の流れの向ふに低く屋根が続いているのが石狩の町さ。翌朝早く砂の多い街の淋しい通りをふら〳〵と横に曲ったら遊郭に出た。淋しい遊郭だ。殊に早朝だから、只家の構造で之が遊郭と判断出来た丈のことさ。振り返ったら姿のいゝ柳があった。この柳と古びた貧しさうな妓楼の光景が焼きついた様に頭の中の目に折々映って来る。こゝを越して海岸に出た。灯台は白かった」

「帰りは銭函まで六里の海岸を伝はって帰った。始めは振り返って増毛山道の山が近く見えて石狩の灯台が真白に見えて居たが、おひる前には小樽の山の方が近く見え出した。海岸の小さい河ではだしになる勇気はなく、街道へ出やうと思ったのを、漁師の舟に乗せて貰って向ふ岸へ渡った。はまなすの木が海岸の砂丘をすっかり覆って居た。でも、もう時節が遅いので赤い実が熟しきって皺がよって居た、お婆さんの顔のやうに。遅れ咲きの花を二つ三つ見付けた。千鳥が沢山飛んで居た。銭函の停車場へ来たら丁度下りの列車がはいって来た」

淋しさと心安さと同じ程　旅の一夜の我を包める

横山は「都ぞ弥生」の完成を境に、歌詞で詠んだ北海道の大自然を確かめるかのように頻繁に旅に出かけるようになった。大正二年の夏、樋口と一緒に山部《やまべ》（現在富良野市）の農科大学第八農場に出かけたのもその一環である。

横山は丘の上から農場の全景を眺めたとき、思わず声を張り上げ、「広々とした大地」と叫んだという。ところが、農場事務所に案内されて係員から農場で働く農民はすべて小作農民であるという説明を受けると、質問する言葉さえ失ってしまい、薄黒い壁に目を向けたまま、呆然と立ちすくんでしまった。夕食の後、横山と樋口は一軒の農家を訪ねた。暗いランプの下で農民は、声をはずませながら、薄荷《はっか》の栽培を語ってくれたが、横山は押し黙ったまま、硬直した顔を崩さなかったという。これは樋口の回想である。

それ以来、横山のノートから北海道のキャッチフレーズともいうべき広々とした大地という言葉が消えてしまった。横山の心を強く締めつけたものは、北海道の風土が織り成す異国的なイメージと、長く、寒く、暗い気候の中で耐える開拓農民の貧困との落差であった。横山は北の自然への憧憬から、しだいにフロンティア精神を掲げて悪戦苦闘する開拓農民の苛酷さに思いを変えていったのだが、こうした心の変化がやがて遠友夜学校への救済活動に参加するきっかけになったのではないかと思う。

第二章　遠友夜学校

一　奉仕活動の体験

遠友夜学校は明治二七年（一八九四年）に新渡戸稲造夫妻が経済的な事情で義務教育が受けられない子弟に修学の機会を与えるために創立した非公式の小さな学び舎であるが、このルーツは明治初期にさかのぼる。

新渡戸稲造は札幌農学校二期生として明治一四年（一八八一年）に卒業し、ただちに開拓使に就職、御用掛技手として民事局勧業課に配属された。翌年、開拓使の廃止に伴い、農商務省に配置換えになったが、札幌勤務は変わらなかった。その年の秋には生振《おやふる》（現石狩市、明治初年に入植したが泥炭土と砂土に悩まされ移住者は四散し、明治二六年にあらためて植民地区画を行い愛知県から五六戸が入植した）開拓地の農家指導に出かけたところ、開拓農家の生活があまりにも悲惨であることに驚き、出張から帰ってくるなり父親あてに農民救済の必要性を訴える手紙を送った。

新渡戸は北海道が開拓地でありながら、本州の古い風習をそのまま持ち込んできたことを意外に思った。一握りの地主を取り巻く小作人が蟻のようにうごめく光景を見て、なぜ北海道まで来て、そうした上下関係を維持しなければならないのか不思議でならなかったのである。

高倉新一郎は「新渡戸稲造と札幌―その接点としての札幌遠友夜学校」(『遠友夜学校』所収)で、

「博士はこの頃米国の佐藤先輩から送られたヘンリー・ジョージの『進歩と貧窮《プログレス・アンド・ポバテー》』をよみ、貧乏問題が現代社会の最大の難問であり、人類を貧窮より救うことが最も大きな問題であることを知ったのである。彼が東京大学に学び、やがて渡米するのも、農業技術をより深めるよりも、歴史とか経済とかと言った社会科学を学ぶためであった」

と書いている。

新渡戸は明治一六年(一八八三年)に東京大学に入学するが、一年足らずで退学し、翌年には渡米する。留学先はボルティモアのジョンズ・ホプキンズ大学であった。経済学や歴史学を学ぶかたわら、クエーカー教徒の集会に頻繁に参加したが、後の新渡戸夫人メリー・エルキントンとはこの教会で出会った。二人が結婚したのは、新渡戸がドイツ留学を命じられ、ドイツで三年間過ごした後のことである。

メリー夫人の実家であるエルキントン家はかなりの資産家で、大勢の孤児を引き取り家族同様に育てるという篤志家でもあった。エルキントン家に助手として生涯仕えた一老女の遺産の一部約一〇〇〇米ドルが遺言によってメリー夫人に送られたが、これが夜学校創立資金になった。

新渡戸は以前から貧困救済の学校創設の構想を心に描いていた。『北大百年史(通説)』によれば、明治一八年(一八八五年)には宮部金吾あてに「貧しい人々の子供らに夜学校を建て、初等小学教育を授け、できれば英語を少しと測量、その他の初歩をも加えたい。これらの部門に女学校をも併設し、女子に刺繍、裁縫、編物を教え、邦語のほかに英語も教えるようにしたい」と書き送っている。明治二四年(一八九一年)、新渡戸はメリー夫人を伴って札幌に帰ってきた。貧民救済の学校創設について渡米前から新渡戸の脳裏にあったことは先に述べたが、明治二七年に新渡戸はメリー夫人の意を汲み、豊平地区の一角に五二一・七坪の土地と家屋を購入して、経済的な事情で正規の義務教育が受けられない子弟に修学の機会を与える夜学校の創設に踏み切ったのである。豊平地区の一帯には貧民街が広がり、寒風吹きすさぶあばら家から漏れるランプの明かりが哀れを誘った。

遠友夜学校という名前の由来は論語の「朋あり、遠方より来る。亦楽しからずや」から引用されたものである。夜学校は男女共学で授業料は取らなかった。男女の区別が厳しかった時代に、人知れぬ豊平の川筋の廃屋のような建物の中で、同じ部屋で机を並べて勉強することを半世紀にわたって貫いたことはわが国では珍しい実践であったというべきだろう。

参考までに、横山が農科大学予科に入学した明治四三年九月における夜学校の生徒の職業は、家事手伝い(いわゆる女中)三四名、給仕二八名、子守二二名、職工一二名、裁縫八名、奉公四名、行商三名、無職二二名であった。

大正初期の農科大学学生、予科生徒にとっては、遠友夜学校という名前を聞いただけで、何ともいえない清新な感動が沸き上がってきたという。明治中期に創立され、大正時代に花を開いた夜学校は自由とロマンに満ちた小さな理想郷であり、学部学生、予科生徒の青春の鼓動が夜学校への憧憬の念を駆り立てたのだろう。夜学校のボランティア活動に参加するにはどのような手続きが必要だったのか不明の点が多いが、実際には極めて限られた者だけに門戸が開かれていたものと思われる。

ところが、横山はほんとうに夜学校のボランティア活動に参加したのだろうか。参加したとすれば、どんな科目を週何回くらい受け持ったのか。この点は横山を語る重要なポイントであるが、筆者が調べた限りでは夜学校の書類から横山の名前を見つけることはできなかった。横山が遠友夜学校のボランティア活動に参加した時期は有島武郎がこの学校の校長をしていたときであったから、この辺のことも探ってみたが、やはり何も出てこなかった。

そこで思い出したのが刊行物『都ぞ弥生』の編者山口哲夫の言葉である。昭和四五年頃であるが、横山に遠友夜学校の奉仕活動に参加することを勧めたのは横山の同学の友渡辺侃(大正六年農科大学農学科第二部卒業)であったと山口が何げなく筆者に話してくれたのである。たしか山口は渡辺から直接そのことを聞いたのだといっていた。また、高倉新一郎は「『都ぞ弥生』をめぐって」(『都ぞ弥生』所収)で芳介の夜学校の活動をつぎのように書いている。

「横山氏は学生時代、新渡戸博士が札幌の義務教育を受けられない貧しい子弟に勉学の機会を与えるため、札幌農学校生徒の協力によって設立された札幌遠友夜学校の熱心な教師であった。私も学生時代手伝わせて貰っていたので、横山氏の名はむしろその先輩として親しかったのである」

横山は大正四年(一九一五年)三月恵迪寮を退寮した。それから先、住居をどこに移したのかまったく分からない。園芸学講座を担当していた星野勇三教授宅に寄寓したという説、琴似《ことに》の屯田兵の家の物置に住んだという説、以前、恵迪寮で同室だった亀山源一郎(大正五年農科大学農学科第一部卒業)の下宿先(現在札幌市南区)に移ったという説などがあるが、いずれも定かではない。

話題は脇道にそれるが、亀山は府立四中から農科大学予科に進学し、横山とは江戸っ子のよしみで親交が深かった。ところが、横山は亀山に対する激しい心の揺れを剝き出しにした歌をいくつもノートに残している。二人は恵迪寮で同部屋に寝起きしながら、別離の言葉を吐いたり、兄弟のような親密な関係になったり、感情をあらわにした起伏の激しい生活をしていたことがうかがえる。樋口は「会者定離《えしゃじょうり》」を繰り返していたという表現で二人の関係を皮肉ったが、第三者にはとうてい理解できないものがあったのではないだろうか。

亀山は日本橋の呉服問屋の跡取り息子であったが、結婚のことで家を勘当され、大正五年に大学を卒業すると東京には帰らず、ずっと札幌で暮らした。

第二次大戦後の昭和二二年(一九四七年)に横山の長男芳男さんは札幌に出張した折りに北海道庁の職員の案内で亀山と会った。

亀山は玄関で芳男さんの顔を見るなり、

「ああ、びっくりした。芳っちゃんかと思った。よく似ているね」

と、驚嘆の声を出したという。

当時、亀山は札幌の藤学園（現在の藤女子大学ではないかと思われる）に勤めており、その夜は美人の奥さん、お嬢さんを入れて四人で一緒に食事をした。横山は卒業後一度も札幌を訪ねていないので、亀山の心に残る芳介は二二、三歳のままであり、同年代の芳男さんに会ったことはまさにタイムトンネルの出会いであった。

二　有島武郎との出会い

農科大学の予科生に大きな影響を与えた教授の一人に有島武郎がいた。その時代の予科生の回想文にはきまって有島が登場するが、彼の存在がいかに大きかったかという証しだろう。

ところが、不思議なことに、横山のノートからは有島に関するものはまったく出てこない。横山が有島の影響を受けなかったのではなく、文学を好んで止まなかった横山にとって、有島の存在はあまりにも大きかったからだろう。有島の印象が強烈であればあるほど、横山はノートに書き残すことをしないで、胸の中に埋め込んでしまったのだろうと思いたい。

したがって、ここでは横山と有島との間のいくつかのエピソートを紹介するに止める。

その一つは横山が「都ぞ弥生」を添削して貰うために有島邸に原稿を持ち込んだ一件である。

吹雪の夜のことであった。横山は樋口の部屋に入ってくるなり、「直されたのは一か所だけだった。それも漢字の間違いだよ」と元気のない声でいった。横山は有島が丁寧に添削してくれるものと期待していたのだが、漢字の間違い一つを直して貰っただけということがよほど不満だったのだろう。横山は自分の苦心作を縦横無尽に添削して貰い、それを出発点にして有島への親近感を導き出そうと考えていたのではないかと樋口はそのときの横山を思い起こしてつぶやいたが、その思惑が見事はずれてしまったことに落胆の気持ちを隠せなかったのだろう。横山は丸めた原稿を手に握り締め、黙って部屋を出ていったという。余談であるが、その原稿は今日の「都ぞ弥生」とは違うものだったというのが樋口の推測である。

有島は明治四一年(一九〇八年)三月から一〇月までの短い期間であったが、恵迪寮に住み、寮生の指導、相談にあずかった。この年の寮歌「大虚の齢」(田中義麿作詞、早川直瀬、前川徳次郎作曲)の原稿は有島が手直しをしたが、これをきっかけに寮歌の歌詞は有島が添削するという習慣ができた。樋口は大正三年寮歌「我が運命こそ」を作詞するにあたって北一二条の西欧風の有島邸に参上し、北向きの二階書斎に通され、赤インキでべったりと添削して貰ったことを誇らしげに語っているし、木原均も大正二年寮歌「幾代幾年」の作詞にあたって有島から懇切丁寧な添削を受けたことを回想文に残している。

もう一つの件は、大正三年に恵迪寮機関雑誌『辛夷』が第五号をもって廃刊になったとき、横山が書いたとされるつぎのような「廃刊之辞」である。

廃刊之辞

装ひ美しく死せる者よ。醜く生くる者の中に、死はいと崇高なる哉。

永劫に生命とする自由を標徴して、縦や其印したる足跡は頃刻なりとも、若人が踏める自由の道は貴し。

自然は美しき哉、悠容として迫らず、歳を重ねて瞭乱相映じ、粛殺鬼哭せしむ。齷齪として吾等、何をか徒爾せんや。

麗しく咲く野の春よ。清白深く雪より発して、花容楚々たり、仰いで芳醇の香を嘆ず。

恵迪寮機関雑誌「辛夷」茲に廃刊せられて吾等が任務全く了る。

前年の春、寮生の一人が芸者買いをして新聞沙汰になった。未曾有の不祥事であり、連夜にわたる全寮大会が開かれ、寮生の名誉のために速やかに追放すべしとする強硬派と友情を重んじて責任を全寮生が負い、彼の更生と寮の純化を期すべしとする穏健派と二分して譲らなかったが、最終日に有島が「一人の行為の善悪は立場の違いにより異なり、一概に決し難いが、自己の行為に対しては自らが全責任を負うときはその行為は美しく、無責任な行為は醜い」と胸に迫る教訓を与えて事態を収めたということが語り継がれている。

樋口の「『都ぞ弥生』のころ」（『都ぞ弥生』所収）によれば、横山の「廃刊之辞」は多分に有島のひと言の影響が大きいと推論している。

最後の一件は有島と対立関係にあった教師が横山と親しかったということである。

有島は英語の授業のほかに、明治四〇年(一九〇七年)から週一回の課外講義を受け持った。講義の科目は「宗教と道徳」「愛」「友情」「教養と抑制」「画家ミレーの生涯」「ヨーロッパの基礎的二思潮」「平凡と非凡」「北方の声(トルストイとイプセン)」「歴史」「主義と趣味」「先駆者」など人生、宗教、思想のほか性の問題まで多岐にわたった。この講義は非常に好評で、ときには自分の体験を交えて情熱的に話すために、経済講堂は予科生で満員になったという。

この課外講義がいつまで続いたかは不明であるが、当時、予科主任教授(倫理学)で頑強な国家主義者を自認する溝淵進馬《みぞぶちしんま》は有島の課外講義はいたずらに自由主義を煽るものであるとして、職権でこれを中止させた。溝淵は気持ちをあらわに出して有島と対立したが、意外にも横山は溝淵と親密な関係にあったというのである。

溝淵は予科生に野外の散策を強制し、自ら進んで山野を歩き回った。横山が溝淵とはじめて会ったのも藻岩山の山登りであったという。横山が溝淵にどのように私淑していったのかまったく分からないが、横山のノートに一つだけ気になるところがある。それは横山がTなる人物に変装して登場する部分である。ある夜のこと、Tは札幌市民病院で左足骨膜炎で切開手術をした。翌朝、早々と溝淵教授が見舞いに駆けつけ、一時間ほどTと話して帰っていった。ただそれだけの短い文章であるが、どこまでが真実であり、どこからフィクションなのかは別として、小説風の書き方をしているところがかえって真実味を感じさせる。

ちなみに溝淵は明治四四年(一九一一年)八月に北大を去っているので横山とは一年程度の交際であった。その後、溝淵は第四高等学校校長、第五高等学校校長を歴任したが、当時の高校校長のエース的な存在として文部省の評価はすこぶる高いものであった。溝淵はマルクス主義に凝り固まった生徒に対して、マルクス主義は彼らにとって理解ではなく、信仰であり、迷信であると決めつけた熱烈な国家主義者であった。昭和になってからは思想問題として厄介な第三高等学校に校長として望まれて就任したが、横山がいつまで溝淵と交流を続けていたのかは定かではない。

横山と有島との関係をこれ以上詮索することは謹むが、横山が農科大学を卒業して静岡県農会技師として『静岡県県農会報』(以下『県農会報』と略称)に頻繁に投稿していた時代と有島が狩太農場の解放を宣言し、軽井沢の浄月庵で波多野秋子とともに縊死した一連の事件と時期が重なる。とくに、狩太農場の解放は横山にとって無関心ではいられない事件のはずであるが、『県農会報』には狩太農場解放についてひとかけらの字句も見られず、ひたすら沈黙を守った。

(注)　当時の農科大学は、農学科、農芸化学科、林学科、畜産学科の四学科に分かれており、さらに農学科は、第一部(農業生産に関する分野)、第二部(農業経済に関する分野)、第三部(農業生物に関する分野)に、畜産学科は、第一部(畜産学に関する分野)、第二部(獣医学に関する分野)にそれぞれ細分されていた。

第三章　農会技師と小作官の時代

一　静岡県に赴任

横山が農学第四講座(後の工芸作物学講座)東海林力蔵教授の指導によって、四〇〇字詰め七〇〇枚に相当する長大な卒業論文「日本薬用植物ノ解説竝ニ日本薬用農産物論」を書いて農科大学を卒業したのは大正六年(一九一七年)一二月であった。当時は九月が卒業の年であるが、卒業論文を書くために数カ月遅れて卒業することは珍しいことではなかった。

卒業論文は道府県、朝鮮半島、台湾における薬用植物の栽培種とその化学成分、効用、利用状況をつぶさに調べあげ、栽培技術上、経営上で解決すべき問題を指摘したものである。将来、製薬工業の発展によって急速に薬用植物の需要が広がることが期待されるので、栽培農家はたえず需要動向に敏感でなければならず、一層の経営意欲の奮起を促している。薬用植物の栽培は農家の副業であるために、ともすれば世俗の風評に左右されて栽培の種類を決めてしまう。そのことが原因で価格の変動が激しく、農家の収入は安定しないと指摘した。この問題を解決するためには、多くの栽培種から真に有用なものを選び出し、過剰生産にならないように計画的な栽培に努めることを提言している。そして、この基本を誤ると国内生産の薬用植物のシェアはあっけなく外国産に駆逐されるだろうと警告した。

横山は卒業と同時に農科大学副手に任用され、翌年五月に北海道空知郡砂川村(現砂川市)の地主会から土地調査の委任を受けて現地に向かった。ところが、三カ月後の八月に東海林教授から静岡県農会から招請状が届いている旨の知らせが届いた。横山を指名したのは静岡県服織村(現静岡市)出身の石上数雄(大正五年農科大学畜産学科第一部卒業)であった。石上は大学を卒業すると岩手県の小岩井農場に勤めたが、静岡県有数の豪農である家業を引き継ぐために故郷に帰って静岡県農会の幹部になっていたのである。

(注)　農会は明治三二年(一八九九年)に「農会法」の制定によって設けられたものであり、各府県、郡、市町村ごとに設立された。明治四三年(一九一〇年)には中央組織として帝国農会ができた。この組織は第二次世界大戦終結直前に産業組合系統と統一して農業会となったが、昭和二三年(一九四八年)に解散した。農会は農業技術者を擁して農業の経営、技術の指導を行ったが、解散後は政府自体がその仕事を受け持っている。今日のＪＡの前身ではない。

横山は石上の招聘を受け入れ、八月末に砂川村を離れた。途中、農科大学(東北帝国大学農科大学は北海道帝国大学農科大学になっていた）に立ち寄り、その夜は東海林教授宅で送別晩餐会に招待され、翌朝早く札幌を発って静岡に向かった。横山にとってこの日が二度と訪れることのない札幌の最後の日となった。

横山は砂川村を発って五日目の夜遅く静岡駅に降り立った。その晩はあらかじめ石上が予約をしておいた品川屋という駅前の老舗旅館に泊まった。品川屋の主人田中豊二は旅館の経営を妻のチカに任せ、悠々自適の生活を楽しんでいた。チカは横山と会話を交わしているうちに、その風貌と気性にぞっこん惚れ込んでしまい、品川屋から農会へ通勤することを強く勧めるようになった。とつぜんの提案に当惑した横山は石上と相談し、とりあえずチカの好意に甘えることにした。品川屋と農会は目と鼻の先の距離であったが、朝晩、鞄を提げ、背筋を伸ばして悠然と歩く横山は多くの通勤者の目を引いた。

女将チカの横山への惚れ込みはそれだけでは収まらなかった。横山の配偶者は何が何でも品川屋の身内の者でなければならないと人選をはじめたのである。たまたま直系の中に適任者が見当らなかったので、息子隆作（静岡駅「東洋軒」の創業者）の妻の実家である静岡県志太郡豊田村五ヶ堀之内の亀山家の長女祝枝に白羽の矢を立てた。チカは横山を説得して見合いに持ち込み、大正一一年（一九二二年）四月に横山と祝枝は結婚した。市内の川辺の借家で新婚生活をはじめたが、後に音羽町に自宅を新築した。

横山は静岡県農会技師の辞令を受け取ると、挨拶もそこそこに各種の調査活動を開始した。静岡県が実施する農産物生産調査、共同作業調査(以上大正一〇年)、野ねずみ被害調査、苗木病害調査(以上大正一一年)に参加して各地を回っているうちに、静岡県農業がいかに恵まれた自然環境下にあるかということを痛感した。たとえば伊豆半島の果樹、野菜、富士裾野の酪農、静岡、清水周辺一帯の茶、浜名湖の養魚、遠州の稲作など青森県から鹿児島県まで日本列島各地の農産物がほとんど静岡県内で栽培されていることを知り、静岡県の農業は日本農業の縮図であると報告書に書いた。

横山は農会技師の肩書のままで大正八年には家禽協会顧問、大正九年には害虫駆除予防委員に委嘱され、同年の夏には静岡県立農事試験場の講師に就任した。静岡県農業界の中枢部に参入することによって、農業振興対策の立案、予算の査定に加わる機会が増えた。当時の議事録によれば、横山は委員会の席上や講師に招かれた講演ではきまって現場重点主義の持論を展開しているが、農民の声なき声を農業振興策や予算に反映させようと考えたからであり、横山の積極的な姿勢はしだいに農民の共感を呼ぶようになった。

もう一つ注目されることは横山の果敢な執筆活動である。静岡県農会は機関誌『静岡県農会報』を毎月発行していたが、横山はこの機関誌に論文、評論などをつぎつぎに発表し、四八歳の生涯を終えるまで、その数はじつに七十数編に達した。この機関誌の読者は農業者であったため、横山の論文は難しいという批判があがっていた。横山はこれに臆することなく、林業部門を担当した狩野幸之助(明治二八年東京帝国大学農科大学林学実科卒業)とペアを組み、機関誌を独占するかのような勢いで健筆を奮った。

なかでも注目されたのは、農会技師に就任した直後、三〇歳にも満たない横山が連続して『県農会報』に掲載した格調の高い三部作である。すなわち、大正八年二月号(第二五六号)に「時勢は新なり」、ついで、同年四月号(第二五八号)に「春の歓」、同年五月(第二五九号)に「我等は何をなすべきか」という論文である。

「時勢は新なり」は農会技師就任の挨拶を兼ねているが、ときあたかも第一次世界大戦終結直後でもあり、デモクラシー思想が日本列島に渦巻いていた。こうした機運を横山は鋭敏にとらえ、日本農業だけが旧態依然とした態勢を維持することはできないとして、地主対小作の因習的な関係こそ時勢に乗り遅れている最大のネックであると厳しく指摘した。小作人は単に農業労働者であってはならず、地主は単に資本家であってはならず、合理的な小作契約による両者の関係樹立こそが日本農業発展の鍵であるとした。この論文では不耕作地主の社会的責任感の欠如の問題を取り上げ、自営農業者の健全な育成こそが緊急の課題であると提言しているが、開明的農政技術者を彷彿とさせるものがあり、後に小作官として活躍する横山の基本的な姿勢がここに現れている。

「春の歓」は「春既に深し、生物の活力は今四辺に溢れ漲って生の歓喜を高唱している。万物の暢びるのは当に今である」と冒頭に書き、自然の輪廻は社会の輪廻に繋がり、農業発展の元は春の活力であることを説いた。農民は商工業の活動を永久に満足させる食料供給者でなければならぬとし、利潤は企業のみが独占するものではなく、農民は資力を蓄えることに意を注ぐべきであるという持論を展開した。農民はわずか一町歩にも満たない農耕地に一家族の終生の糧の源として満足することなく、農耕地を倍増する努力を払うべきであると農民の意欲を促した。そのためには共同の力こそが有効な解決の手段であるとして、農業経営の共同事業化を提案し農民の関心を集めた。この論文にも小作問題が触れられており、小作農民に対する地主の温情主義は主従関係を促進するものであると厳しく批判し、地主対小作農民の関係は服従的な身分関係ではなく、利益の配分を柱とする契約関係によって成り立つことを説いた。

「我等は何をなすべきか」では東京、横浜などの大都会を市場にもつ静岡県の農業にとって、消費者が何を求めているのかを的確につかみ、弾力的に農産物を供給する流通機構の再編整備が絶対必要であると主張した。それを解決するためには米、麦、野菜、鶏卵、農産加工品などを県内の農産物販売斡旋所が一括して扱い、そこから中央市場に大量に供給するという物流メカニズムを提案したのである。

二　農民との心の触れ合い

横山は大正七年（一九一八年）に農会技師に就任してから大正一三年（一九二四年）に小作官に任命されるまでの六年間、『県農会報』を通じて主に三つの問題を取り上げた。一つは日本農業の近代化は小作問題の近代化そのものであるという認識で、ことあるたびに地主と小作農民との関係は契約による対等のものでなければならないと主張した。農民は外に向かって食料の供給者という社会的自覚をもち、内に向かって地主と小作農民の近代的な関係を実現しなければならないという論理である。二つ目は農民は土地生産業であるという自覚をもち、商工業などの産業と一体となって社会に貢献すべきであるという横山の持論を展開した。三つ目は農業の発展を阻んでいる要因の一つに農家における性別の役割や労働分担の混乱があるとして、社会的性差（ジェンダー）の分析を行い、秩序の回復を急ぐべきであることを提案した。さらに加えて青少年の意識の改革を促している。

小作問題については、「小作農業の改善・序論」を大正九年六月から一〇月まで連続して五回掲載し、大正一〇年には「小作農業の改善・本論」を四回にわたり掲載した。また、農業を産業の一翼に組み込む構想として、「私案・農業経営法」を大正一〇年から一一年にかけて九回にわたって掲載した。さらに、大正一二年から一三年にかけて「農業経営私見」を三回にわたり発表し、日本農業が他の産業に伍して発展していくためには農業の社会的責任を確立し、優れた管理者を擁する目標管理態勢の確立を提唱した。これらの四つの論文は『県農会報』という一地方の農業誌に掲載されたために、中央で注目されるまでには至らなかったが、あらためて専門家による分析がなされてしかるべきであると考える。

横山は大正七年から大正一一年の五年間にわたり静岡県女子農事講習会の講師に委嘱され、県内各地で女子の農作業と家事の現状を調査し、農業における女子の役割、仕事量の縮小問題、意識の向上などについて自らの見解を述べた。『県農会報』の第二六七号の「年を迎へて」では静岡県の農業がミカン、茶の栽培など女子労働の範囲が広いことに触れ、女子労働の整理と新しい分野への進出を提起した。さらに、青少年の農業教育の必要性についても話題を広げ、第二八五号では、「農会は農学校を経営すべし」と題して農業後継者の農業教育の必要を訴えた。当時、中等学校級の農学校は郡立から県立に移管され、地域の特徴が失われてしまったが、横山はこれを憂い、正規の農学校でなくともよいから、現場に直結した教育機関の設置を唱えた。

横山は農会技師の時代に多くの逸話を残している。一例であるが、ミカンの品種改良に率先して取り組んだことがあげられる。東京、横浜の市場では伊豆半島のミカンは紀州ミカンより低い評価を受けていた。横山はミカン農家と連れ立って東京の市場調査に出かけ、評価が低い原因は品質にあることを知り、早速、品種改良に乗り出した。横山は品種改良に関する指導書を東京から取り寄せてミカン農家に提供し、日曜日になると、汽車で沼津まで行き、船で戸田《へだ》に上陸し、ミカン農家に泊まって農民と一緒になって指導書を解きほぐした。小作官になってから横山の手を離れて、試験場の研究者に引き継がれたが、その後は着実に成果をあげ、昭和の初期には静岡ミカンの評価は紀州ミカンに追いついたが、横山の先駆的な役割は今も語り継がれている。

東海道本線が御殿場線を迂回していた時代のことである。この沿線では大規模な放牧を取り入れた牧畜が行われていた。ところが、意外にリスクが大きく、農民の生活は困窮を極め、食うに困る農民は一日二食が普通で、味噌や醤油が買えずに塩をなめて暮らす農家もあったほどであった。横山は御殿場に出かけるときは、着古した衣服を風呂敷に包んで持参し、農民にそっと手渡した。

ある日、朝から御殿場の酪農組合で会議があった。昼になっても昼食を食べる気配がなかったので、不思議に思った横山が組合長に尋ねると、昼食は食べない習慣であるという答えが返った。横山は旅費を投げ出し、出席者全員に駅弁を買い与えた。会議が終わってから財布の中を調べてみると、帰りの汽車賃がなくなっていたことに気づき、横山は鉄道電話を借りて沼津駅の東海軒の店に事情を話し汽車賃を借りた。駅まで見送りに来ていた酪農組合長は横山が片道の旅費しか貰っていないと勘違いし、後日、農会会長あてに農会技師が出張するときは帰りの汽車賃も出すよう嘆願書を出したという笑うに笑えない話が語り継がれている。

昭和八年(一九三三年)に『県農会報』に掲載された「朗らかに歌はしめよ、農村に残された資源は惜みなく与へよ」は農家に寝泊まりしなければ理解できない切実感がこもったエッセイである。「およそ働く人に、力を出して、よごれた仕事をする人達にとって一日の楽しみを味ひ、明日はたらく生甲斐を感じる、一番手近なことは、その一日の働いたつかれた身体を一風呂あびて、安座して手作りの野菜でも子供のつかまえた雑魚の汁ででもあれ、酒の徳利を持ち盃を持つ時より大きいものはないであろう。偏狭な宗教家が罪悪視する飲酒の害悪をこの農家の飾りなき偽りなき人生の晩の楽しみの食事にあてはめるのは無用のことである」と持論を披瀝し、「働いて疲れた身体に心の朗らかさと肉体の元気を新しく賦与する酒の徳こそは実に神の表し給ふた大きな恵みではないか」と税金のかかる酒を買うよりも、せめて濁酒の製造程度は認めるべきであるという意見を述べて農民から喝采を浴びた。

大正一〇年には静岡県農会首席技師・梶正雄(明治四四年農科大学農学科第一部卒業)が島根県農

会首席技師に転じたので、横山はそのあとを継いで首席技師に昇格した。これにあわせて内務省から静岡県技師の辞令を受け、名実ともに静岡県の農業経営の主導的な指導者になった。

三　天職を全うした小作官横山

農地使用をめぐる地主と小作農民との関係で注目されることは、小作権が非常に弱く、大部分のケースでは法律的には民法上の賃借権に過ぎなかったということである。とくに、小作契約では地主側を優先する内容のものが圧倒的に多いため、小作農民は農業経営に対する意欲が希薄で、地主に隷属する依存関係にあった。第一次世界大戦後には物価が上昇し、小作農民の生活が困窮したために各地で農民運動や小作紛争が激しくなった。社会的地位が劣悪な状態下で、生活が困窮すれば小作農民が組織力を使って自らの地位の改善を求めるのは当然のことであった。

このような社会情勢の変化に対応し、小作紛争の合理的な解決を図るべく、大正一三年(一九二四年)七月、「小作調停法」が制定され、小作官が誕生した。農商務省では後に農林大臣となった石黒忠篤が新設の小作課長に任命され、農務局に法学士、農学士の四人の小作官を置くことになった。内務省もこれに応えて道府県に小作官を設置することになり、三三歳の横山は一〇月四日付けで静岡県技師の身分のまま初代地方小作官に任命された。なぜ横山が小作官に抜擢されたのか不明である。横山が農会技師時代に頻繁に農村に出かけて、県内の事情に精通していたこと、県庁の信頼が厚く、農民からも尊敬されていたこと、『県農会報』に地主対小作問題について優れた論文を発表していたことなどが評価されたからではないかと思われる。

農商務省小作官の小林平左衛門（高等文官試験に合格して入省した法学士の事務官僚）は大正一三年一一月に長野、新潟、山梨、静岡、茨城、神奈川の各地で小作調停法実施準備に関係する視察を行ったが、静岡県の状況について「小作官横山芳介は数年来本県農会技師たりしを以て県内の事情に通じ、農会その他の各方面に連絡上好都合なり。山田山梨県小作官、横山静岡県小作官共に県庁内にて重視せられ居り、適任なるが如し」と称賛の言葉で報告書を書いた。

さかのぼって、同年一〇月、『県農会報』第三二四号に掲載した「別辞」は四〇〇〇字に及ぶ論文である。詳細は第二部で触れるが、農会技師から小作官に転じた横山が農村青年に語りかける形式で展開される農業技術論はいみじくも今日の日本農業が抱える諸問題をあぶり出している。「貴とき野心の訓へ培ひ」と寮歌に謳った横山は農村と農民の未来に大志（野心）を託したのである。

この年、早速、小作調停法による争議が一件持ち込まれ、さらに、横山は小作調停法によらない紛争を五件ほど解決した。静岡県の小作紛争が、一、二の例外を除いて、比較的に静穏であったのは、地主と小作は農業経営に関して対等でなければならないという横山の考えが地主にも小作にも、ある程度理解されていたからではないかと思われる。

横山の家庭に新しい息吹きが芽生えた。大正一四年（一九二五年）一一月、長男芳男さんが生まれた。間もなく芳男さんの子守役が必要になり、横山は斡旋を同僚に依頼し、一二歳の大石悠紀恵が紹介された。

悠紀恵は一歳のときに小学校長の父親に死別し、同時に母親とも生別し、学校には小学校四年生までしか行かない薄幸の少女であった。横山は悠紀恵を家に住まわせて、毎晩七時から九時まで読み書き算術を教え、雑誌『少女の友』などを買い与え、わが子同然に面倒をみた。横山が札幌の遠友夜学校で体験した救済の実践を静岡の家庭で実行したのである。参考までに童謡作家海野厚(大正八年作「背くらべ」、「露地の細道」、大正一二年作「おもちゃのマーチ」の作者)は悠紀恵の従兄弟にあたる。

悠紀恵は横山の家庭の温もりの中で着実に成長を遂げた。芳男さんが三歳になると、横山は芳男さんの毎月の小遣いとして一定の金額を悠紀恵に預けることにした。悠紀恵はやんちゃ坊主の芳男さんを弟のように可愛がり、小遣いが足りなくなると悠紀恵がポケットマネーを出し不足分を補ったというエピソードが残っている。

横山は家族に向かってことあるたびに小作官の仕事は「天職」であると話した。天職とは天から与えられた仕事という意味であるが、横山は気質、能力が小作官に向いているものと自らを信じ、家庭を犠牲にしてまでも仕事を全うすることが天職であると考えた。農民には日曜日も祭日もなかったので、横山が体を休めているときでも、農民は容赦なく横山の家に押しかけてきた。家族は横山の体調を気遣いながら快く農民を迎え入れて座敷に通したという。

昭和恐慌がはじまった昭和五年(一九三〇年)には豊作と重なって米価はわずかの間に三分の二に

暴落し、豊作飢饉が発生した。翌年には北海道、東北が凶作飢饉に見舞われ、その影響で失業者がどっと静岡の農村に押し寄せてきた。農村は失業者を抱える余裕はなく、東海道筋の農村でも失業者が増加したため、県内各地では農村救済運動のムードが高まった。静岡県は昭和六年（一九三一年）に失業者救済の土木事業を起こし、失業者に現金収入の道を開くと同時に農民を対象にした「自力更生運動」を推進することにした。横山は企画委員としてこの運動に参画し、県内二カ所を重点に農業技術の改良、生活改善、共同炊事、共同作業、農繁期の託児所などを設置して、農村生活の合理化に成果をあげた。

農業不況は小作問題にも深刻な波紋を投げた。地主と小作人との対立は深まるばかりで、小作人は地主と対決するため小作人組合を結成した。小作人組合は大正一四年（一九二五年）は一〇組合であったが、昭和六年（一九三一年）には九二組合に増え、小作紛争もエスカレートしていった。大正一三年には小作争議件数は六件、小作調停法による受理件数は二件、小作官が任意に調停したものが五件あったが、昭和三年になると、小作紛争件数が三三件、小作調停法による受理件数が一八件、小作官が任意に調停した件数も六件と大幅に増えた。地元の新聞も紙面を割いて頻繁に小作紛争を掲載し、横山の名前がしばしば紙上に登場するようになった。

その頃になると、小作官の業務はもとより、静岡県農業に関する仕事も多忙を極め、疲労が重なり、横山はしばしば体の不調を訴えるようになった。ちなみに、昭和前半における横山の役職を見ると、昭和三年には安倍郡農会・静岡市農会主催の重要物産副業品展覧会の審査委員に任命され、昭和六年には標準米査定委員、昭和九年には静岡県農産物種統制委員、昭和一二年（一九三七年）には主要食糧農産物改善委員会の委員などの要職についている。横山の体は容赦なく病魔に蝕まれていたのである。

昭和一二年の八月には新潟県長岡市で開催された第一二回東京控訴院管内小作調停事務協議会に横山は小学校六年生の長男芳男さんを連れて行った。自分の容体が悪化したときに備えていたのであった。横山父子は静岡から東京に出て、横山が定宿にしていた新橋の駿河屋旅館に泊まった。その夜は農林省小作官の田邊勝正（大正九年北海道帝国大学農学部農業経済学科卒業）が旅館を訪ねてきて、二人は遅くまで話した。田邊は各県の小作官を掌握する立場にあったが、横山に対する信頼が厚く、横山と田邊の二人三脚は農林省内でも高く評価されていた。二人がどんな話を交わしたのか小学生の芳男さんの記憶にあろうはずがない。おぼろげながら二人が向かい合って話している光景だけが浮かんでくるという。

「今までの仕事を振り返ると、あの調停のときには、こんな提案をしておけばよかったという後悔。あの紛争のときには、どうしてあんな提案をしてしまったのかという後悔……この二つの後悔の連続でした」

横山がこの通りのことをいったというのではない。当時の横山の心境を察するとき、おそらくこんなことをいったのではないかと筆者が勝手に想像したままでである。

横山父子は二日目に上野駅から汽車に乗った。上越線の水上で途中下車して水上舘に一泊し、翌日は清水トンネル抜けて新潟県に入った。六日町のホームで「笹餅」を買い、親子は仲良く頬張った。長岡駅に下車して宿舎に行く途中、横山はわざわざ芳男さんを雁木《がんぎ》のある通りに連れて行って、雪が積もったときの雁木の役割を説明した。

小作調停事務協議会が終わると富山まで行って一泊した。翌日は高山本線に乗って下呂で下車し、そこの温泉旅館に泊まった。下呂温泉は横山のお気に入りの温泉の一つであり、芳男さんに下呂温泉の由来をとうとうと説明した。つぎの日は汽車で岐阜に出て、名古屋を経由して静岡に帰ったのは夜更けであった。

一週間もの旅行で横山の疲労は極致に達し、九月から一二月までの四カ月間はほとんど床についたままの生活を余儀なくされてしまった。

ところが、翌年の一月一〇日、とつぜん横山は上京するといい出した。このときにも芳男さんは学校を休んで同行したが、横山は車内に尿瓶《しびん》を持ち込んだという。その夜は新橋の定宿に泊まり、前と同じように田邊が訪ねてきた。二人がどんな話をしたのか定かでないが、横山が悪化する病状を押して上京したこと、定期人事異動が三月に迫っていたこと、横山が病床に伏しているときに、「静岡は平穏を取り戻したが、信州にはまだ多くの問題が残っている」ということを妻の祝枝に話していたこと、このようないくつかの状況を総合してみると、二人の話はおそらく人事に関することであったろうというのが芳男さんの想像である。横山の身体は確実に死に向かって進んでいたのに、仕事にかける情熱だけは激しく燃え盛っていた。

翌日、横山は芳男さんを連れて日本橋の三越へ行き、地下食料品売場でチーズ、甘栗、柿を買った。なぜ高額のチーズや柿を買ったのか芳男さんには理解できなかった。帰りは汽車がトンネルに入るたびにどす黒い横山の顔が窓に映し出されていたが、芳男さんは今でもその光景をはっきり覚えている。死の二週間ほど前のことであった。

昭和一三年（一九三八年）一月三〇日、横山は小作官の身分のまま静岡市音羽町の自宅で四六歳の生涯を閉じた。妻祝枝、小学校六年生の長男芳男さんを頭に五人の女児と七〇歳になる母が残された。葬儀は二月四日、冷たい雨が降りしきる長源院で執り行われたが、それに先立って新聞各社は、こぞって横山の死を報じ、その短い生涯を惜しんだ。

つぎの訃報は二月一日付け読売新聞朝刊の記事である。

札幌農大の寮歌「都ぞ弥生の雲紫に」の作者として知られている静岡県小作官横山芳介氏は予て病気療養中世日《ママ》午前二時静岡市音羽町の自宅で逝去した。享年四十八歳。東京市神田区に生まれ、大正八年静岡県農会技師に奉職、同十三年静岡県小作官に任命されて以来、前後廿年間農民の指導に当ってきた功労者。

なお、葬儀は四日午後二時から静岡市沓谷長源寺で執行される。

静岡民友新聞朝刊にはつぎの訃報が載った。

本県農務課勤務地方小作官横山芳介氏は、予てから病気のため、市内音羽町の自宅静養中のところ、廿日午前二時逝去した。享年四十八歳、葬儀は四日市内沓谷長源寺において執行する。同氏の本籍は東京市本郷区駒込曙町十四で、大正六年東北帝大を卒業し、同七年東北帝大副手を振り出しに同九《ママ》年三月農会技師となり、同十三年十月本県地方小作官に転じ現在に至る。従五位勲五等高等官二等二級俸で、将来があるだけに各方面から多大に惜しまれている。

加藤俊次郎（昭和九年北海道帝国大学農学部農業経済学科卒業）が二月一〇日、一一日の二回にわたって北海タイムス（現北海道新聞）に追悼文を載せたが、昭和一一年の秋、加藤が静岡県庁に近い喫茶店で横山に会ったときの印象を、「髪の毛の薄い、瘦ぎすな、見るからに弱々しい同氏の容貌は、しかし十年の知己のように親しめるものを持っていた。頬の落ちた小さな顔はあくまで蒼く、そのなかに眼だけが烱々と光っている」と書いた。

「何もかも古い昔になりましたが、あの歌の五節目に〝貴とき野心の訓へ培ひ〟というところがありますね。あの云い回しがもう少し何とかならなかったかと、今でも気になるのですよ」

とつぶやいた横山の言葉が印象的だったという。

加藤が「北海道に行きたくはありませんか」と水を向けると、横山は眼を輝かせ、

「学校を出てから一度も行っていないのですよ。手稲山や真駒内の牧場は昔のままでしょうね」

と横山は包み切れない懐かしさを顔に表してつぶやいたという。

その言葉には「都ぞ弥生」で詠んだ北の自然はいつまでも変わらないでいて欲しいという、横山の強い願いが強く込められているようだ。

横山がなぜ北海道を訪ねなかったのかは永遠の謎である。

四　歌碑建立の美談

昭和一四年(一九三九年)に、横山の長男・芳男さんは静岡県立静岡師範学校付属小学校を卒業し、同年四月に静岡県立静岡中学校に進学した。

ある日、芳男さんは祖母に呼ばれた。祖母は芳男さんを部屋に招き入れてから、押し入れを開いて大きな箱から横山が東京高師付属中学生時代に書いた分厚い作文集の束を取り出した。中野の梅林へ行ったこと、筑波山に登山したことなどの紀行文がびっしりと書き込まれてあった。芳男さんは自分と同年代に書いた父親の作文をむさぼるようにして読んだ。風景の描写、感情の表現がとうてい中学生とは思えない流麗な筆遣いであったことを今も覚えている。それから間もなく、昭和二〇年(一九四五年)六月、静岡市空襲でこの作文集をはじめ横山の蔵書、行李《こうり》いっぱいに詰まったノート類など横山が書き残したものはすべて焼かれてしまった。そのことがあればこそ祖母が押し入れに大事に保存していた横山の紀行文を読んだときの不思議な感動はいつまでも忘れられないという。一家は東京世田谷の玉川中町に引き上げ、やがて終戦を迎えた。

かつて芳男さんの子守役として横山の家族の一員として成長した悠紀恵は昭和二四年に結婚して河田姓となり、夫の春吉と割烹旅館「かわだ」を創業した。手伝いに雇った二人の少女に対し、ときには米の代金を立て替えたり、給料を前金で渡したり、着物を贈ったりして、横山から受け継いだ救済の実践を忠実に果たした。

悠紀恵は横山の行方が気になり、「もしや共同墓地にでも……」と、休日になると春吉と一緒に市内や郊外を探し歩いたという。やがて誰からともなく横山の墓地が長源院にあることを知ることになった。大森山長源院（静岡市沓谷一丁目二四―一）は谷津山の北側のふところに抱かれた一角にある。背後にはヒノキやクスノキの大木が茂り、小鳥が鳴き、庭には草花が咲き乱れ、市内とは思えない静かな場所である。山門をくぐると、正面に本堂、右手に鐘つき堂がある。横山の墓地は山門の左手にあったが、そこには玉石が一つ置かれているだけで、何家の区画なのかさえ分からなかった。悠紀恵は頻繁に横山の墓に出かけ、花を供え、掃除を欠かさなかった。

偶然というのか、奇縁というのか、思いも寄らぬハプニングが起こったのはそれから間もなくであった。昭和二九年（一九五四年）の春の宵である。静岡県内の高校校長数人が「かわだ」で小宴を開いたとき、旧制高校の寮歌がつぎつぎに歌われた。悠紀恵は「都ぞ弥生」を襖の外で胸をときめかせて聞き入ったが、宴が終わるやいなや幹事に「都ぞ弥生」の作詞者の墓は静岡市にあり、悠紀恵がずっと墓守りをしていることを切々と話した。幹事は驚いて、翌朝、北大出身の三ヶ日、御殿場の校長に連絡をとり、悠紀恵の存在は静岡県在住の北大同窓生の間に燎原の火のごとく広がっていった。

昭和三一年五月、札幌から高倉新一郎教授を迎えて「かわだ」で北大開学八〇周年記念事業に関する会合がもたれた。そこに出席した悠紀恵は横山の救済実践の足跡を語り、かねてからの思いを切々と訴えた。その熱意は出席者を動かし、その夜のうちに横山の墓標と「都ぞ弥生」の歌碑の建設が決まったのである。その美談が新聞で報じられると、一般の有志からも多額の基金が寄せられるようになり、長源院の墓地内に横山家の墓標と「都ぞ弥生」の歌碑がセットで建立された。

墓石は横山の妻祝枝の郷里である焼津の石材店河野さんが寄贈し、歌詞は明治四五年三月二六日早朝、横山が恵迪寮で作詞して記したノートのペン字を拡大したものである。このノートでは三節の「尽きせぬ奢りに濃き紅や」の「や」がはじめに「の」と書かれ、それを消して横に「や」と訂正してあるが、そのままに彫刻した。当時の静岡県農地部長と教育長は横山家から提供されたノートは貴重な文献であるということで、県庁の金庫に大事に保管し、焼津の河野石材店までは係官二名が車に乗せて運び、石刻作業にあたっては、破損のないよう気を配ったというエピソードが残っている。

墓標の「横山家」の文字は大正七年(一九一八年)に横山を静岡県農会技師に招いた石上数雄の斡旋による、洞慶院住職丹羽仏庵師の筆になるものである。

横山が逝って二〇年目であった。昭和三三年(一九五八年)一月二三日、百余名の参列者によって除幕式が行われた。住職佐野文司師は読経の後に歌碑の建立には河田悠紀恵のひとかたならぬ努力があったことを参列の人々に切々と話した。頭を垂れて聞いていた悠紀恵の横顔はひときわ感慨深げだったという。

後年、悠紀恵は少女時代の清く澄んだ眼差しがとらえた横山の家庭の描写、芳介が農民から慕われた様子などを「横山先生」(『都ぞ弥生』所収)と題して書き綴ったが、その回想文は思わず感動を誘う。

＊　　＊

「人を愛し、花を愛し、ご自分の廻りのもの総てを深く静かに愛し、いつも理解力の深さをあの目なざしで抱擁していられた方。余り丈夫でなかったのに日曜日なぞ富士郡方面の貧農の人達の訪問を受け、一人々々の苦情をきいて、その重荷をみんなご自分の仕事としてその責任を身に受け、いつも貧農の人達には神様とまで慕われていたのを、子供心に見、また聞いて、旦那様は静岡県庁の中で一番えらい人かな、また立派な旦那様だと、尊敬して居りました。

今年も我が家の庭に白いサザンカが満開です。亡くな〔ら〕れた旦那様をしのび植えたものです。横山家の垣根がサザンカだったからです。そして大変にサザンカを愛された旦那様がはさみを持ってチョキチョキと手入れに余念ないお姿が浮んでひとしおなつかしく、あの大きな御世話になった事に感謝して居ります。先日家族ぐるみで一日を京都に遊び、嵯峨野で大変に横山家のたたずまいと似たお宅がやはりサザンカの垣根のお宅で、なつかしくそこに立ち、ひととき十二歳頃の少女の気持に帰る事が出来ました。

西も東もわからぬ年頃でご奉公に行き、我が子のように可愛がって頂き、この頃の一番気持ちの変り易い危険期をよい道にリードして下さったのは、親にもましたことと思います。旦那様の生い立ちも大変におさびしかったと聞き、私も教員の父に一歳で死に分れ同時に母と生き分れ、他人に大きくされましたので、旦那様が『可哀そうな子』だといつも、いつくしみ可愛がって下さったのだと思います。このようなことにも貧しいものに差しのべる愛の深さが大きく表われていると思います。そして夜お勉強を教えて下さる中に、道徳教育もとくにきびしく教えて頂き、いま私が人に暖かく接して生きていけるのも皆旦那様の教えの賜です。夢に見る程ほしかった『少女の友』も毎月買って頂きました。今なおご存命でしたら地に伏して感謝しますのに、残念で御座います。

今私の気持ちとして墓のお守りをして、時折の墓参の時は大きな声で、お世話を掛けましたと言ってお話しをして居ます。私が生きている限りは、静かな山のふもとの寺に、ご恩の万分の一の御礼の墓参を続けて行くつもりです。そして『樹氷咲く壮麗の地』北海道に一度参り度いとの念願で居ります。そのときは恵迪寮に行き夢多き青年の集りに接して、お若い日の旦那様の学びの庭に一時《ひととき》の時間を持ち度いと思っています」

＊　　＊

昭和三三年に建立された墓標および歌碑とは別に、新しい「都ぞ弥生」の歌碑が長源院の本堂の脇に建てられたのは平成四年（一九九二年）のことである。北堀住職が寺の費用で建てたものであり、二月九日の除幕式には横山の三女川内純子さんと北大静岡県同窓会長伊藤敏（昭和一五年北海道帝国大学農学部畜産学科卒業）さんの手で除幕された。各地から参集した多数の北大同窓生は鈴木脩造（昭和二五年北海道大学農学部農学科卒業）さんの発生で「都ぞ弥生」を高唱した。

縁というものは不思議なもので鈴木さんは静岡県立静岡中学校で芳男さんの同級生であった。当時、鈴木さんは静岡県農協中央会会長、家の光協会会長の要職にあり、静岡と東京を往復する多忙な日々を送っていたが、北堀住職が建てた歌碑は日当りが悪い場所であるために、このさい思い切って寺門の近くに移したらどうかと北大静岡県同窓会に提案した。同窓会は鈴木さんの提案にもろ手をあげて賛成し、せっかく移すのであるから歌碑をリニューアルしようではないかということになり、歌碑を台座に乗せて、黒御影石に横山のノートから写した一節の歌詞を白く浮かび上がらせることにして、ただちに工事がはじまった。昭和三三年、平成四年につぐ三度目の「都ぞ弥生」建立事業であった。

平成一一年五月一日、よく晴れ渡った空の下で、芳男さんをはじめ親族、北大静岡県同窓会、市民など約一五〇名が参列し、森下哲舟導師の読経が流れる中で歌碑の除幕式が執り行われた。

純白のヴェールから新しい歌碑が姿を現すと、

星影冴かに光れる北を

人の世の清き国ぞとあこがれぬ

と横山が詠んだ「都ぞ弥生」が、気候温暖の静岡の天空に、厳かに、静かに流れた。

かつて、芳男さんの子守役として横山の家庭の温もりで育った悠紀恵はすでにこの世の人ではなかったが、芳男さんの胸に悠紀恵の遺影がしっかりと抱かれていた。

歌碑の台座には鈴木さんが自ら起草したつぎのような碑文が刻まれてある。

この歌碑は北海道帝国大学予科恵迪寮の明治四五年度寮歌「都ぞ弥生」の碑である。作者横山芳介氏が北海道の新天地で学ぶ若者の燃ゆる想いを北国の美しい自然の移ろいや牧歌的田園の情景にこめて謳いあげたものであり、今日に至るまで北大同窓生の心のふるさととして歌いつがれ、旧制高等学校の三大寮歌の一つとして、多くの人々に愛唱されてきた。

横山氏は卒業後、国の小作調停官として静岡県勤務を命ぜられ、昭和初期の小作争議の調停に尽くし、多くの農民の信望を集めた。

氏は昭和一三年当地で没し、此処、長源院の地に眠る。この歌碑にその由来を刻し、永遠に歌の心を遺さんとするものである。

静岡県北海道大学同窓会有志一同

平成一三年一一月二日、筆者は共著者の塩谷雄とともに、鈴木さんの案内で墓標と歌碑を訪ねた。誰がたむけたのか歌碑の前には菊の花が無造作に置いてあった。長源院の梵妻によれば、名も告げずにこの地を訪れ、歌碑を手でなぞりながら碑文を読み、うなづいてから小声で寮歌を歌う人、歌碑に花束を捧げ、それから大きく息を吐いてそのまま帰っていく人……、そうした光景が週に何回か見られるという。

［付　記］

平成一四年(二〇〇二年)一〇月一九日、「都ぞ弥生」誕生九〇周年記念祭が長源院で執り行われた。

この日、横山の親族、藤田正一北大副学長、吉原照彦北大大学院農学研究科教授、北海道から九州まで各地から馳せ参じた百余名に及ぶ同窓生とその家族、さらに、日本寮歌振興会委員長神津康雄氏(山形高)をはじめ、一高、二高、七高造士館、山形高、静岡高、府立高出身の有志が馳せ参じ、森下導師の読経、墓前供養の後、歌碑の前で高らかに「都ぞ弥生」を歌った。

場所を市街地に移した懇親会では、旧制高校出身有志と合同で図らずも寮歌祭が開かれ、北大寮歌、各旧制高校寮歌を歌う蛮声が、いつ果てるともなく続いた。

第二部　小作官・横山芳介の軌跡

塩谷　雄

第一章　農会技師時代

一　静岡県農会技師就任

横山芳介は、大正七年（一九一八年）八月一四日静岡県農会（以下「県農会」と略称）技師として赴任した。横山は当時二七歳の青年農学士であった。横山がそれまで無縁の地の静岡に来たのは、当時、県農会に勤務していた旧服織村（現静岡市羽鳥）在住の石上数雄（明治四〇年（一九〇七年）恵迪寮入寮、大正五年（一九一六年）東北帝国大学農科大学畜産学科卒業）および県農会首席技師・梶正雄（明治四四年同大学農学科卒業）の招請によるものと推測される。

二　『静岡県農会報』における開明的意見の展開

1　「時勢は新なり」―開明的農政実務家・横山の登場

横山が、小作問題に関する意見を公刊物にはじめて公表したのは、大正八年(一九一九年)二月『静岡県農会報』(以下『県農会報』と略称)二五六号(三～六頁)に発表した「時勢は新なり」と題する、つぎのような内容要旨の小論である。

「『時勢は新なり』この新なる時勢に、新ならずして、旧態依然たる〔略〕よりは旧態唖然たるは我国の農業である」として、当時のわが国農業の現状を慨嘆し、農業の近代化の新たな時勢は「農業者」が自ら創出すべきであるとの持論に基づいて、小作人に対して「なぜ小作人諸君は終日営々として汗を流す、自分の土地の改良を図らないのか、肥料を惜み種子を惜み遂に労力を惜む、かくして何の利する処がある。〔略〕根本は地主と小作人との契約の至当ならぬに因する。この不当な契約を改めて、働けば利し、土地を肥やせば利し、種を選べば利する。〔略〕農事の改良を念として自ら利し得る条件としなければなるまい。違作を口実とし武器として、憐憫《れんびん》を乞い強要を敢えてして僅かに自ら利せんとするのは真に一時の事のみ。時勢は新である、すべからく合理的契約の下に農業を以て確実なる収益を挙げて生活を強固ならしめよ。年々の紛争の努力と煩労を棄てて、この根本の革正を促されよ」とエールを送り、小作人が合理的な小作契約の下で、農業の改良により農業収者」としての自覚を促している。一方、地主に対しても「地主諸君、何が故に小作人の不徳を訴え、悪習の〔はびこる〕土地を耕さず、家畜を飼養せず、土地を領して年貢を獲得するは、単なる資本家である。地主が有する土地は、一枚の株券と何の異なる処もないのである。地主諸君は〔略〕なぜ小作との契約を廃して、その領有する地を自ら耕さゞる。なぜその契約を改めて小作料を軽減せざる、小作人を優待せざる、改善の道は少くない」と主張し、不耕作地主は「農業者」ではなく、その所有土地は不労所得を生む「株券」と異ならないとまで断じて、いわゆる寄生的地主に対し、わが国農業の基盤である農地の所有者たる自覚と社会的責任感の欠如を厳しく批判し、「日本は今餘りに過小農と農業者ならざる地主の莫大なる数に悩んで居る。広き面積を有する自営農業者の健全なる発展こそ双手を挙げて歓迎されることである。此に真の農業の改良がある。狭小な田区を改めて機械の力を利用する耕作法が行はれ、家畜を飼養して労力と廐肥《きゅうひ》を産出し、資本を投じて土地を改良し、固陋《ころう》なる経験と偏狭なる知識に衰弱せる我農業界を覚醒せしめよ、之こそ真の農業の進歩である〔り〕、積極的の米の増収作である」と主張し、「過小農の増大と寄生的地主の支配」というわが国農業の封建性(後進性)と非生産性(非効率性)を打破して、その近代化を図るためには、広い農地を所有する自作農の増加、発展が必要であるとして、わが国農業の今後進むべき道をしっかりと見据えた提言をしている。この小論は、「開明的農政実務家横山」の登場を高らかに宣言し、その後の小作官横山の小作問題に対する基本的姿勢を予告するものである。

る。

2　「春の歓」―農業者の人間宣言

ついで大正八年四月、『県農会報』二五八号（三〜六頁）に「春の歓」と題する小論を発表している。

横山はその中で「世界の改造、創造が企て得られる世の中に、この一農業のみ改造、創造の出来ぬことがあるだろうか、〔略〕協力して行へば二〇軒の農家が五〇人の人の力でした仕事を機械は一台で完成する〔略〕。二〇軒の農家が一台の機械を共有し、一〇頭の動物を使役し、二人が労働するならば二〇軒の農家は労力の過剰を何れの産業にも提供し得る。哲学、芸術の領域に入るも好むがままである。共同の力、之こそ最後の解決の策である、資本も労力も、知識も凡て、この共同の力から威力を発揮する。〔略〕地主と小作の対抗が何の利益を産み出すだらうか。〔略〕対抗と争闘の外に共同の事業がある協同の利益がある」として、小作関係における地主・小作人間の抗争による対立関係を、両者の「共同の力」による協調関係に高めることが、わが国農業の近代化のために必要である旨主張する。その上で「春既に深し、春の歓《よろこび》は生物に満ちて居る。健康に、愉快に、自由な生活を企てる為に我等何をなすべきか」と、農業者に熱いメッセージを送っている。

このように横山は、農業者の生活スタイルの理想像を「健康で愉快に自由な生活」を享受することにあるとして、二八年後に施行される現憲法第一三条の「生命、自由及び幸福追求」の権利保障の趣旨すなわち「自由権から生存権へ」という現代憲法の普遍的理念を先取りする形で、農業者の人間宣言ともいうべき開明的（先進的）意見を表明している。

3　「小作農業の改善・序論、本論」

横山は、大正九年(一九二〇年)六月から翌年一〇月まで九回にわたり、『県農会報』に、「小作農業の改善・序論」および「小作農業の改善・本論」を発表している。この論文は、横山の小作制度論というべきものである。この論文に関しては、横山の小作官としての埋もれた業績をはじめて発掘し顕彰された、沼田誠(駿河台大学経済学部教授)の貴重な論文「地方小作官と小作調停―横山芳介の場合―」(以下「沼田論文」と略称)において詳細に論述されている。そこで、ここでは、横山が前記論文において展開した小作制度論に関し、筆者なりの解説を試みることにする。

㈠　横山は、「小作農業の改善・序論」を大正九年六月から同年一〇月まで五回にわたり、『県農会報』(二七二〜二七六号)に発表している。

横山はその中で、小作農業においては、地主は土地の所有者・貸渡人で、小作者はその借地人であり、小作地は貸渡した田畑であるとして、「小作農業とは、地主、小作者、小作地の三つの要素を包含して経営せられる農業である」(二七二号一頁)と定義し、地主が農業に関係するのは、農業者に土地を貸渡すという一点のみであり、農業生産(耕作)に直接従事することはないから「農業者」ではないと断定して、「小作農業に於ける農業者は即ち小作者である」と主張する(なお、横山は、この論文において、差別的イメージが染み付いた「小作人」に代えて「小作者」の呼称を意識的に使用している)。

その上で横山は、小作農業における地主は、土地(資本)を小作者に貸付けて、土地使用料として小作料を収得する単なる資本家であるから、米穀の生産者ではないとする一方、小作者は、資本家である地主の土地を使用して農業を営む独立した「企業者」であると明言する。

また、横山は、小作農業が、明治維新後の土地私有財産制度の下で、必然的に発生した経済上の現象であると指摘し、「私は茲で土地を使用せる者に土地を与へた、維新の政策を賛美すると共に何故に土地国有を行はなかったのか、更に土地私有を認むるならばその私有条件として、なぜ土地の耕作者に限らなかったのかと思ふ、さうすれば決して、小作農業というものは起らなかった筈である」（二七三号七頁）とまで論及している。

さらに、従来、小作関係の指導理念とされる「地主は恩情を以て小作人を保護愛撫せよ」（二七五号二頁）という温情主義は、地主と小作者の平等の敬愛関係ではなく、恩情を与える者と恵まれる者との「主従の間の情誼《じょうぎ》〔人情と義理の意〕」の関係であり、このような地主の一方的な愛撫、恩恵を必要とする強者の温情主義は、小作農業改善の指導理念となり得ないと批判し、「万人が平等に生活を楽しみ得るの〔が〕正義である」（同号一頁）として、「どうしたらば、凡ての人が同様に幸福であるか。凡ての人が同じ水平線の上に立って、相互に敬愛し、相互に生命の存在を維持し、その生活を発展してゆくことが出来るか」（二七四号三頁）という、平等・互恵を基調とする「平等なる生存権」の実現が、小作農業改善の真の目的であると主張する。

㈡　横山は、「小作農業の改善・序論」の続稿として、「小作農業の改善・本論」を大正一〇年一月から同年六月まで『県農会報』（二七九号、二八〇号、二八三号、二八四号）に発表している。

横山はその中で、「小作農業の改善・序論」における見解をさらに推し進めて、「幸福な人間生活は〔略〕健康な身体、愉快な精神、豊富な知識を充分に満足して得られる時に〔略〕実現されるのである」（二七九号二六頁）と主張し、小作農業改善の目的は、農業者（小作者）がこの幸福な人間生活を営めることにあるとする。

しかし、現実には、この意味の小作者の幸福はまったく蹂躙されているとして、その原因は、「餘りに小さい土地面積を頼りにして、それから自分の生活を出来る丈豊かにしようとする地主があるからこそ、不相当な利益分配率を以て小作者の労働収益を搾取することになり、又餘りにも小さい小作地に頼って自己の生活を保障しやうとすればこそ、生涯水呑百姓の域を脱し得ぬのである」と主張する。そして、このような「狭少な土地を財産として之より不労的に併も社会的に良好なる生活を維持せんとする特殊な地主〔略〕を社会は何故に保護する必要があるか、無用の地なく、不労の人なきをこの世の理想とするは、さういふ特殊の人達の為に、常に働き、絶えず努力する小作農業者の一団が終生貧窮に生活せねばならぬという不条理はないのである」（二八〇号一九、二〇頁）と、小作農業の問題点を鋭く指摘し、このような小作農業の現状を改善するためには、まず従前の不公平な利益分配を正しく改め、「地主及小作者がその正しい利益分配率の下に、相互共今日の文化生活を営み得る程度の収入を最少限度とする所有地貸付に対する制限及耕地面積制限をなすこと」が必要であると具体的な改善策を提言し、その実現のためには「現代に於て最有効果断なる実効的勢力のあるものは法律である」（二七九号二七頁）との観点から、小作法の制定が必要であることを強く主張する。

つぎに、横山は、「利益分配の公平性」と「企業者」をキーワードとして、小作農業改善のためには「現在行はれて居る小作料制度を廃棄することである。小作料の本質的意味が土地の使用料である」(二八〇号一六頁)とし、地主が小作地の生産物の四割ないし七割を小作米として収得するという高額・現物小作料を是認する不当な小作料慣行の下では、小作者は企業者としての企業利潤は勿論、労働賃金相当の収入すら満足に得られないのが通例であるから、わが国農村における小作者の実態は、企業者ではなく農業労働者(賃金労働者)であるとして、「小作農業者が企業者ならばその企業者としての権利を〔略〕奪う地主は社会的不正義者である」と批判する。

そして、小作農業改善のためには、利益分配の公平性の理念に基づいて、「地主の今日の収得は減じ小作者の今日の収得は増加されねばならぬ」と主張する。

さらに、横山は、小作農業改善のためには、小作料制度の改善とともに小作契約自体の条件を改善することが必要であるとして、その改善すべき契約条件について、つぎの五つの要点をあげている(二八三号一～五頁)。

① 地主と小作者は社会的地位に優劣なく同等の人格者であること

横山は、「身分から契約へ」の観点から、地主と小作者の関係は「単純な契約関係であるからして、小作契約はその利益分配に関する条件を明示すればよいのであって、決して地主が小作人に対して服従的条件を負わしむべき性質のものではない」とし、「『右の条々堅く違背仕る間敷候、万一御規定に反し候節は何時たりとも小作地御取上相成候共不苦候』なんて文句が、たとへ空文であるにしろ、今日尚行はれて居ることは、奇怪な時代錯誤である」と強く批判する。

② 地主と小作者相互の権利、義務の範囲を明確にしてこれを尊重すること

横山は、地主と小作者の関係は、自由契約であり、一方が権利を有し、他方が義務を負うというものではないから、地主には、契約に反して勝手に小作地返還を強制し、小作料引上げを要求する権利はない。また、小作契約締結後は、地主は小作者に対し、一定の小作料で土地を農業生産のため使用させる義務を負担している。したがって、地主には小作者の小作地使用の許否、小作料引上げ等について、まったく自由であるとする所有権絶対優越の考え方は不当であり、農業者として「〔農業〕経営に従事する小作者の生産を全からしむべき道義的義務を忘却して居る」とする一方、小作者についても、小作者は契約条件の範囲内で、自由に小作地を運用（利用）する権利を有すると同時に約定の小作料を支払う義務があるとする。そして、小作者が虫害、風水害および農作物価格暴落等を理由に小作料の割引を要求することは、「企業者の危険負担を一切地主に転嫁せしめんとするものであって、他人の利益を傷つけざるべき道徳的義務の違背者である」と厳しく指摘し、これらの不可抗力的原因による損失の負担については、小作料約定の際に明確にすべきであるとする。その上で、もともと経済的、法的に対等な条件下にない地主・小作者間において、対等な小作契約関係を確保するためには、小作契約の内容として、解約の場合には、その意思表示は一定の予告期間を保持すること、相当額の損害賠償の支払を条件とすること等の権利、義務を当事者間で定める

ことが必要である旨主張する。

③　小作契約は、当事者の変更があっても、従前の契約条件が継承されること

横山は、地主が小作地を他者に譲渡し、他者(新地主)が小作者に対し、従前の契約条件を無視して、新たに苛酷な小作条件の設定を要求する事例が多いことから、小作契約上、当事者の変更が当然には契約の変更を生じない保障を当初から定めておくことが必要である旨主張する。

④　小作料の決定は地主と小作者相互の協定によること

⑤　土地改良に対する賠償を定めること

横山は、地主はその所有地の改良を行う義務があるから、小作者が実施した小作地の土地改良による土地の価値増加分については、解約の場合、地主が適当な賠償(補償)を支払う旨の契約条項を明記する必要があると主張する。なお、横山は「解約の場合には無償にて地主が取得するが如き習慣を有する土地がある。餘りに欲張り過ぎて居る」と、その不当性を厳しく批判している。

横山は、以上の五つの要点は、地主と小作者の相互理解の下に個々の小作契約において実現されるべきものであるが、個人的抗争対立のレベルでは、まだ地主、小作者とも理解不足なので妥当な結果を得ることは困難であるとして、両者の団体的行動の組織である地主会と小作組合の関与の下に、個々の小作契約を締結すれば、公正円満な結果が得られる旨指摘する一方、小作法制定により前記五つの要点が成文化されれば、一層簡単かつ確実に右同様の結果が得られるとして、小作法の早期立法化を強く要望している。

横山はまた、小作農業の改善は、単なる小作問題に局限されるものではなく、重大な社会問題でもあるとして、大正九年(一九二〇年)度の静岡県の小作農に関する統計調査結果に基づいて、つぎの通り記述している(二八四号二、三頁)。

大正九年度の静岡県における農家戸数は約一六万戸(総戸数に対する割合は六二%)であり、そのうち自作兼小作農または小作農は八四%、自作農はわずかに一六%である。また、田の総面積は六万三九〇〇町歩であり、そのうち自作田は四六%、小作田は五四%である(なお、畑の総面積七万町歩については、右田の割合とは丁度反対の割合である)と分析したうえ、この統計上の数字を見ただけでも、農業全体の改善進歩が、小作農業の改善進歩によってはじめて実現されるものであることが分かると主張する。

最後に、横山は、小作農業改善における農業教育の重要性とくに小作者の農業教育の普及、向上の重要性について、大正九年度の静岡県の農業教育に関する統計調査結果に基づいて、つぎの通り記述しているが、札幌時代の遠友夜学校教師横山の姿がオーバーラップする感がある。

静岡県における農業教育は、明治四三年(一九一〇年)の農業教育修了者数を指数一〇〇とすると、大正九年には二九〇であるから、この一〇年来著しい進歩を遂げている。しかし、農業教育の内容をみると、農業教育修了者数九万二五〇〇人のうち四九%は農事講習会(受講日数五日以上)等の修了者、四四%は乙種農学校(小学校程度)修了者、六%は甲種農学校(中学校程度)卒業者であり、高等学校程度以上卒業者は一%にも満たない状況にある。しかも、総戸数一六万戸の農家において農業教育修了者が一戸に一人もいないということは驚くべきことであると問題提起をし、さらに、小作者の大部分が貧窮であるため、この農業教育修了者とさえ無関係な状態に置かれているとして、農業教育の量的かつ質的な貧弱さを鋭く指摘したうえ、「農業の進歩の遅々たるは一に教育の未普及にありと断じて可なりである〈略〉。小作者の農業教育が普及しその程度の向上した時、始めて小作農業改善の事実が社会の福利増進に寄与するのである」と主張して、「小作農業の改善・本論」を農業教育論をもって締め括っている。

4　「別　辞」―横山のB・B・A

横山は、大正一三年(一九二四年)九月三〇日県農会技師を辞任して、同年一〇月四日静岡県小作官に就任したが、その際、『県農会報』三二四号(同年一〇月)に、県下農村青年らに対する横山の「B・B・A」(クラーク博士の別辞「ボーイズ・ビー・アンビシャス」の略称)ともいうべき、つぎのようなメッセージを「別辞」と題して発表している(一〜五頁)。

「農村の青年諸君、私は諸君に期待し願望する一つのことがある、今我々の住む地上に都市と農村の対立がある、やがて人々は都市の過大の勢力と富とに苦しみ出すであろう、農村の空虚な財嚢と遺棄された無能の人とに苦しみ悩む時は同時に都市に致命的非運の来る時である、この傾向を現今の如く激成せしめつゝあるものは、決して一つの政治の力ではない、同じ様にそれは単なる人心の浮華軽佻ではない、元より又文明の齎した機械の所産がその全責任を負ふべきものではない、それ等は凡てその勢を増大せしめつつある重要な原因であらう。併し、人生に対する省察の缺如、それがより至大なる原因ではなからうか、如何に人は生くべきか、何故に吾等は生を営むべきか、人生に対する批判、社会に対する批判が、そこから生まれ、そこに各人の理想が生ずる。農村と都市の破滅を救うものは実にこの人生の批判から始まらねばならぬ。〔略〕一切の人間が、人間たるに値する生活を得られねばならぬ〔略〕。諸君の住むこの農村をして限りなく人生の楽土とするのは、そこに都市的外面文化の所産を再現することではない、それは断じて人生の第二義以下のものである、諸君と諸君の隣人と諸君にとっての外来者をも抱擁して、最後の一人をも人間たるに値する生活を得しむることとそれが人生の楽土の具現である、農村も都市もかくして地上が人生の楽土と成る。

私が農村青年諸君に期待し願望する一つのことは即ち之である、この地上を愛し、地上の生命―草や木や鳥や、獣や、それ等を愛撫し育てたればこそ今日の農業が成り立って居る―を愛し、それよりも更に深くこの人生を愛する時、〔略〕個人の競争よりも多数の共助が齎し得る何者かの幸福を考え当てられるであらうといふことである〔略〕」

なお、同誌上において、笠堂生（筆名）が「技師横山芳介氏の退職」（同号六頁）と題して、横山の県農会技師としての業績、とくに横山の立案計画に係る女子農事講習会開設、稲麦立毛共進会施行、農産物生産費調査、共同作業場調査、農業用電力利用状況調査各実施、静岡県農業要覧作成等をその功績として挙げて称賛し、「県農会の事に通暁せる有為の氏を奪われた県農会は実に損失の尠なからざるを感ぜざるを得ぬ」として、横山の県農会技師退職を愛惜する送別の辞を述べている。

第二章　小作官時代

一　小作官横山誕生の時代的背景

横山は、大正九年(一九二〇年)三月二六日内務省より静岡県技師に任命された後、同一三年一〇月四日同省より静岡県小作官(六等)に任命されて、同日静岡県内務部勤務を命ぜられ、同年一二月二〇日小作官制改正に伴い「地方小作官」に任命された(その職務等については、後出三、3参照)。

横山が静岡県小作官に任命された大正一三年(一九二四年)は、わが国の農地(小作)立法の企図期およびわが国農村社会の転換期と称される時期であり、大正九年(一九二〇年)の小作制度調査委員会設置から昭和六年(一九三一年)の小作法案の流産(貴族院)までの約一〇年間の中間期に属する。

また、第一次世界大戦後の株価暴落等による経済恐慌の発生、米価暴落による農業恐慌およびこれに起因する小作争議の激増等のわが国農村の社会的、経済的状況の急激な変化という新しい時勢に対応するため、民法(明治二九年(一八九六年)四月二七日法律第八九号)の所有権絶対思想を基盤に成立した地主的土地所有(寄生的地主制)の農業生産上の弊害と後進性が問題視され、その改変期でもあった。さらに、一般的時代背景としては、明治と昭和の時代的中継期ともいうべき「大正時代」であり、いわゆる大正デモクラシー期(オピニオンリーダーの吉野作造の民本主義(国民を政治の主役とする立憲政治により一般民衆の利益実現を目指すという啓蒙的思想)に代表され、また平民宰相原敬内閣の出現(大正七年(一九一八年))や男子普通選挙法公布(大正一四年(一九二五年))に象徴される大衆デモクラシーを基盤とする自由主義的時代風潮(パラダイム)の意)の後期に属する時代であった。

二 横山の小作調停論

静岡県小作官に就任した横山は、早速、その年の一二月一日から施行予定の新小作調停法について、広報活動を積極的に開始し、同年一二月には『県農会報』三二六号(一〜三頁)に、「小作調停法に就て」と題して、横山の小作調停論ともいうべき小論を発表している。

横山はその中で、小作争議の原因とその解決方法について、つぎのように述べている。

「小作争議なるものは元来経済事情の不利に直面して起り来たりしものにして(略)元々争議当事者の何れが非にして何れが是といふ明確なる限界はない筈である。之を従来の法律思想を以て律すれば争議の解決は結局(略)訴訟となり、訴訟の結果は原告被告何れかゞ勝ち、何れかゞ敗れるのである、さうして事実に於ては勝者必ずしも実利を収め得ず、敗者必ずしも社会的不正義者でもないのである。而して農村生活に不安険悪の状態を残すのみの結果ともなり得るのである、之は決して小作争議解決の所以の道ではない」と断じたうえ、従来の法律（民法等）では、人間生活の複雑微妙な関係に適切に対応し得ないという制定法自体の有する本質的欠陥のため、小作争議を含めた今日の社会の実情に適合していないとの厳しい現状認識に立って、この困難な現状を打開し改善するためには、従来の民法中心の法律思想から脱却して、新たな社会意識（正義、平等観念）に適合した新しい立法の必要性を主張し、これを「法律の社会化」という当時としては斬新なキーワードをもって強調し、その新しい立法の具体的な現れとして、借地借家調停法、小作調停法をあげて、「この二つの法律を通して法律が将来の進路を想像、予見する時に法律の社会化といふ快い感情に涵《ひた》ることが出来る」と述べて、新小作調停法について強い期待を表明している。

その上で、横山は、新小作調停法の指導理念について、「協調妥協を主義とする」ものと理解し、自らの調停観を、つぎのように表明している。

「小作調停法の精神は事の正邪善悪を判断して、そこに理非曲直を究明し、勝負を決しやうといふのではない。〔略〕小作調停法は小作争議に関する範囲内に於いて凡て正邪善悪を判断せずして争議当事者両者の委曲の事情を明瞭にし、その間誤解邪推等に依る行違ひを一掃し、両者の希望する処に従ひて互譲妥協を勧め、争議当事者双方が便宜妥当と認める点に解決を見出し、お互に納得安心し得る約束を結び、この約束の履行に依って争議なき以前の平和の状態或は争議以前よりも一層親密になり得る機縁を作るを以て調停法本来の面目とするものである」

ここで、横山が開明的(当面する課題(小作問題)の改善(近代化)について、先駆的、進歩的な見解《ビジョン》を有する意)であることの例証として、横山の前記小作調停論をあらためて取り上げ、併せて小作調停を含めた民事調停一般の目的・機能を簡単に説明する。

民事調停の目的・機能について、簡略に図式化するとつぎのようになる。

民 事 調 停＝(自主的判断＋互　譲＋合　意)×条　理
(紛争の解消)　(当事者の自主的解決)　(説　得)

民事調停に属する小作調停も右と同様である。つまり、小作調停は、小作関係をめぐる小作紛争に関して、小作調停委員会の条理に則った調整説得の下に、当事者の自主的判断(自己責任・自己決定権)に基づく互譲により形成された合意を得て、これにより当該小作紛争を任意的かつ包括的に解決し、その解消を図ること(横山のいう「争議以前よりも一層親密になり得る機縁を作る」こと)を目的とするものである。ちなみに、民事訴訟は、裁判所が当事者双方の法律上、事実上の主張の当否について、判決等により法的判断を公的に示すことにより、当該民事紛争の公権的(強制的)な「解決」を図ることを目的とするものである。したがって、横山のいう通り「訴訟の結果は原告被告何れかゞ勝ち、何れかゞ敗れるのである」から、極論すれば、これにより当該民事紛争が、常に当事者の納得の下に円満解決して、最終的な「解消」に至るものではない。

ところで、小作調停法は、小作調停の判断(処理)基準についてとくに明示していない。したがって、「裁判事務心得」(明治八年(一八七五年)太政官布告第一〇三号)第三条の「民事ノ裁判ニ成文ノ法律ナキモノハ習慣ニ依リ習慣ナキモノハ条理ヲ推考シテ裁判スヘシ」の趣旨に則り、当該小作紛争について、適切な小作慣行(慣習)が存在しない限り、「条理」によって判断することになる。

なお、現民事調停法第一条は、民事調停の目的について「条理にかない実情に則した」民事紛争の解決にある旨明示するとともに、その判断(処理)基準となる規範は、法規(実定法)ではなく「条理」であるとしている。

ここに「条理」とは、一般に「事物の本質的法則」、「道理」(『新法律学辞典(第三版)』有斐閣、七四八頁)などとされているが、要するに「社会的常識に則ったバランス感覚」である。ただ、道理とか社会的常識などという漠然とした判断基準では、ややもすると、当該小作紛争の実情を無視した、「足して二で割るマアマア調停」に陥る恐れがあるので、人間関係の調整者である調停委員および小作官としては、公平公正な態度と健全なバランス感覚がとくに要請されることになる。

また、「互譲」とは、民法第六九五条(和解契約)の「互に譲歩して」と同旨であり、要するに「互いに自分の言い分を一部引っ込めて、相手方の言い分に一部歩み寄る」ことである。しかし、互いに反目抗争している当事者に「互譲」を求めることは至難なことであり、人は誰でも譲歩するに値するメリットがなければ、一方的に譲歩することは困難であるから、調整者としては、横山のいう通り「両名の希望する処に従ひて互譲妥協を勧め」、譲歩することのメリットを具体的にアドバイスして説得することが必要である。その場合に重要なことは、横山のいう通り「当事者双方が便宜妥当と認める点に解決を見出し」、常識的でバランスの取れた解決案(調停案)を策定したうえ、これに基づいて当該小作紛争を早期に解決することの具体的メリットを筋道を立てて説得し、当事者の合意形成をリードするという、調整機能を適切に発揮することが要請されることになる。

横山の小作調停論が、右の「あるべき調整者像」について、当時すでに的確に把握していた先見性は特筆すべきことである。横山はこのような小作調停に関する深い理解と協調妥当主義の理念の下、その後、小作官としての高尚な使命感(ノーブレス・オブリージュ)をもって、静岡県における小作問題の改善(近代化)に尽力し、着実に成果をあげていくのである。

三　小作立法小史

1　小作法立法の発足と挫折

〈民法における小作契約の問題点〉

民法上、不動産賃貸借契約は、賃貸人が賃借人に有償で目的不動産の使用収益をさせる債権関係である(六〇五条)。小作契約も同様に、農地所有者・地主が耕作者・小作人に有償で当該農地を使用(耕作)収益させるため貸与し、これに対して小作人が借賃(小作料)を支払うことを互いに約束する農地賃貸借契約である。

ところで、民法は、所有権について「所有者ハ法令ノ制限内ニ於テ自由ニ所有物ノ使用、収益及ヒ処分ヲ為ス権利ヲ有ス」（二〇六条）とする一方、賃借権については、債権契約に基づく契約当事者間の単なる人的債権であるとして、不動産の賃借権者は、賃貸人以外の第三者（例、所有権転得者）に対して、自己の賃借権を主張する法的地位（対抗力）は原則として有しないものと定めた（六〇一条、六〇五条）。そのため、不動産所有権と不動産賃借権（利用権）の関係は、所有権の絶対的優位性と賃借権（利用権）の相対的劣後性という従属的関係になった。このような所有権の絶対と契約の自由を基本原則とする民法の下では、横山が主張するような、小作人が「人間たるに値する生活」を確保するためには、小作人の賃借人としての地位を「不動産賃借権の物権化」という観点から、法的に強化し保護する必要がある。

なお、物権の本質は、特定の独立した物を、他人の行為を介さず直接支配し（直接支配性）、かつ、他の物権の併存を排除して（排他性）、その物の価値を利用し利益を受ける権利である。

また「不動産賃借権の物権化」とは、不動産賃借権に右の物権の本質に見合う法的効力（物権的効力）を付与することであり、その具体的要素は、つぎの四点である。

① 第三者対抗力（賃貸人が目的不動産を第三者に譲渡した場合、賃借人が譲受人の第三者に対して不動産賃借権を主張して対抗できること）

② 不動産賃借権侵害に対する排他的効力（賃借人が不動産賃借権を侵害する第三者に対して直接妨害排除請求等（物上請求権）を主張できること）

③ 不動産賃借権の譲渡・転貸の可能性（賃借人が不動産賃借権を第三者に自由に譲渡・転貸で

きること）

④　不動産賃借権の永続性（賃貸人の契約更新拒絶、解約には「正当事由」を要する等、不動産賃借権の長期継続性があること）

〈小作制度調査委員会の発足〉

当時のわが国の農地所有制は、たとえば、大正一一年（一九二二年）末の農家総戸数の七〇％は小作農および自作兼小作農であり、耕地総面積の四六％は小作地であることに照らしても、いわゆる寄生地主的土地所有制（地主が農民に農地を貸付けて対価を取得するだけで、自らは直接農作業に従事しない仕組み）化の傾向にあり、小作人は、土地利用の対価として、粗収入の約六割という過大な小作料を徴収される例も少なくなかった。そのため小作人は、最低生活費すら確保されないという苛酷な経済生活を強いられていた。その結果、地主と小作人間に深刻な対立関係が生じ、それに伴い、小作争議件数が大正六年（一九一七年）には約九〇件であったが、同一〇年には約一七〇〇件に急増し、小作争議の増加現象という形で、小作問題の質的変化が具体的に現れるに至った。

農商務省は、このような小作問題の質的変化に対応するため、わが国農政の重点施策として、いわゆる農商務省開明派官僚グループ（以下「開明派グループ」と略称）を中心に、小作人保護を主眼とする小作立法による小作制度の改善および農村秩序の再編を企図した政策立案活動を開始する。

大正九年（一九二〇年）九月、農商務省農政課（課長石黒忠篤）に「小作分室」（分室長小平権一、分室員小林平左衛門、田邊勝正（大正九年北海道帝国大学農学部農業経済学科卒業）ら）を設置して、

小作制度改善の施策立案のため準備活動に入ると同時に、同年一一月、「小作制度調査委員会」を設置し、その実質的審議は特別委員会形式で実施された。特別委員会は、まず「小作制度ノ改善ニ関スル方策」について、幹事の石黒、小平ら開明派グループが立案した「小作法案研究資料」（以下「研究資料」と略称）を中心に論議検討された。

研究資料（第一次案）の小作法案は、全七一条から成り、小作人の地位を法的に保護するため、小作契約上の農地賃借権の物権化を図る立法的手法として、債権と物権を峻別する民法の固定的な定義を超えて、新たに永小作権（物権）と賃借権（債権）の両者を包含する用益権（単に物を使用するだけではなく、収益をも目的として利用する権利）として、「小作権」という権利類型を創設するとともに、この小作権概念を基礎にして、新たな農地利用関係の形成とその法的保護を図ることを主目的とする開明的な見地に立脚したものであり、つぎのような画期的な事項を骨子とするものであった。

① 小作権の存続期間の長期化（原則として一五年以上（四条）。なお第三次案では七年以上五〇年以下（二条））

② 契約更新拒絶の厳格化（七条、八条）

③ 小作権譲渡の自由化（ただし転貸は禁止（一〇条））

④ 小作権の消滅事由（解除）の厳格化（一六条）

⑤ 小作権消滅（解除）に伴う必要費、有益費償還責任の法定化（四一条。なお第三次案では小作

人の小作地先買権を保障(一六条)
⑥ 相当小作料および小作料の一時的減免の判定制度新設(三一条、三三条)
⑦ 不可抗力による小作料減免請求権の保障(三四条)
⑧ 小作審判所制度新設(四七条~五九条等)
⑨ 小作監督官制度新設(六〇条~六二条等)

なお、小作監督官制度は、大正五年(一九一六年)施行の「工場法」の工場監督官制度を参考にしたもので、小作調停法の小作官制度の原型である。小作監督官の職務内容は、小作審判所の判定上必要な事項の調査、小作に関する監督、調査および小作紛争における和解、仲裁等である。

〈小作法立法の挫折〉

大正一〇年(一九二一年)一〇月二一日、特別委員会の研究資料(第一次案、第二次案)に関する審議経過を踏まえて石黒らが策定した、いわゆる幹事私案(研究資料・第三次案)の全容が朝日新聞のスクープ記事により明らかにされたことから、地主側の強い反対運動が起こり、特別委員会においても地主側に同調する委員が反対姿勢を強めるに至った。その結果、第七回特別委員会(大正一一年五月)において、小作立法の中心であった小作法の立法作業は、結局、見送られることになった。

こうして、「プロ・小作農的」(地主に比べて社会的、経済的および法律的に劣悪な地位にある小作農を保護する立場ないし原理の意。加藤一郎東京大学名誉教授の造語である「プロ・農業的」(『農業法』二~四頁)を翻案して、「プロ・ボノ・コローヌス」(小作農の利益のために)を意訳した筆者の造語）な思想に基づいて、農地賃借権（小作権）の物権化を積極的に推進しようとした点で、画期的な小作法立法作業はスタートから挫折するに至った。しかし、特別委員会は小作争議の急増、激化により、すでに社会問題化していた小作制度の改善を早急に図るため、実体法の小作法立法に代わって手続法の小作調停法の立法作業をただちに進めることを決めている。

2　小作調停法制定の経緯

〈小作制度調査会設置〉

石黒らは、第八回特別委員会（大正一一年六月）において、幹事私案（第一次案）として小作調停法案（「小作調停法案研究資料」）を提出している。ついで第九回特別委員会に提出した幹事私案（第二次案）が審議修正された結果、特別委員会案として、第二回小作制度調査委員会総会（同年九月）に提出して審議修正のうえ、小作制度調査委員会答申法案（小作調停法案）として加藤友三郎内閣に提出し、翌一二年三月、同内閣によってわが国最初の小作立法案として小作調停法案が第四六回帝国議会に提出されたが、結局、審議未了で立法には至らなかった。しかし、同年（一九二三年）五月には小作制度調査委員会の廃止に伴い新たに官制（勅令第二二八号）の「小作制度調査会」が設置され、翌六月の同調査会第一回総会には、農商務大臣田健治郎（元台湾総督、「月下美人」の命名者）から「一、小作調停法ニ関スル意見如何　二、自作農維持創定ニ関スル意見如何　三、小作制度ノ改善ニ関スル方策如何」の各諮問事項が早くも付託されている。

〈小作調停法の成立〉

小作制度調査会は、前記各諮問事項に関して、第二回総会(大正一二年一一月)において、小作制度調査会答申法案(小作調停法案)を採択したうえ、清浦奎吾内閣に提出した。しかし、議会解散、内閣総辞職等のため議会上程が遅れていた。翌一三年六月、護憲三派(本格的政党内閣実現、普通選挙法早期制定等を提唱する政友会、憲政会、革新倶楽部三派の護憲運動グループ)連合による第一次加藤高明内閣成立に伴い、小作調停法の早期制定を目指す同内閣(農商務大臣高橋是清)の下、同年(一九二四年)七月一三日第四九回帝国議会において、わが国最初の小作立法である小作調停法が成立し、同月二二日公布(法律第一八号)、同年一二月一日(東北六県、長崎、鹿児島、沖縄各県を除き)施行されるに至った(第二部末尾資料「小作調停法(抄)」参照)。

なお、小作調停法は、その後昭和二六年(一九五一年)、戦後の一連の法制度再編整備により、新民事調停法(同年法律二二二号)に吸収再編される形で、同法第二章第二節「農事調停」(二五〜三〇条)として整備統合された。その結果、農事調停の対象範囲は小作調停法の「小作料其ノ他小作関係の争議」の調停から「農地又は農業用資産の利用関係の紛争」の調停に拡張し、また、小作調停(司法)と農業政策(行政)との調整を図るため、国(現在は本省経営局構造改善課および各地方農政局)に「小作官」(国家公務員)、都道府県に「小作主事」(地方公務員)を設置し、調停委員会の小作官または小作主事に対する意見聴取は任意的ではなく必要的なものとなった(同法二八条)。

3　小作官制度発足

〈地方小作官の誕生〉

農商務省は、小作調停法施行に備えて、大正一三年九月同省農務局に小作課を新設し、石黒忠篤新課長を中心に、小作官の地位に相応しい人材を確保するため、厳しい内部選任基準を設けて人選にあたった結果、同年一〇月、農商務省小作官として渡邊惺治、小林平左衛門、田邊勝正、坂田英一を任命し、都道府県小作官(同年一二月、「地方小作官」と改称)として、静岡県小作官横山芳介(静岡県技師)、大阪府小作官梶正雄(福岡県技師)ら一道二府一五県(各一名)合計一八名を内務省と合議のうえ任命した。

〈地方小作官の任務〉

地方小作官の任務は、地方官制(大正一三年九月一七日勅令第二一五号)によると、「小作官は小作争議調停に関する事務を掌る」旨定められている。そして、農商務省主催・第一回地方小作官会議(後出四、1参照)における「農務局長指示」によれば、小作官の執務範囲を定めた右「小作争議調停に関する事務」には、小作調停法所定の事務のほか、小作官が独自に行う小作調停法外の小作争議調停に関する事務(いわゆる「事実上の調停」)も含まれるとしている。その上で、小作官の執務にあたっては、上司の指揮監督を受けることは当然であるが、同法第一八条、第一九条に基づき裁判所(小作調停委員会)において、小作官としての意見を陳述する場合には、「当該官吏トシテ独立ナルモノニシテ、他ノ掣肘《せいちゅう》ヲ受クルモノニアラズ」(農林省農務局『第一回地方小作官会議録』

八、九頁。以下『第〇回会議録』と略称）とし、さらに、小作官の任免、進退等については、「其ノ職務ハ、自ラ他ノ地方庁官吏ト異ルモノアルガ為メ、内務省ト協商シ其ノ任免進退等ハ、特別ニ取扱ハル、コト、ナリタル次第」であるとして、地方小作官は、官制上は道府県に所属する形ではあるが、実質的には農商務省により選任されてこれに所属するものであり、また、小作調停において、小作官として意見陳述を行う場合は、独立官庁として特別の身分保障をされていることをとくに強調している。それと同時に、全九項に及ぶ詳細な「道庁府県小作官心得」と題する書面（同六、七頁）を配付している。

そこで、この際、小作官の具体的な職務内容に関する理解に資するため、その要旨を筆者なりにまとめて、つぎに紹介する。

右「心得」は、まず「道庁府県小作官及小作官補ハ官制及法律ノ規定ニ遵ヒ左記ニ依リ誠実公平ニ執務スベシ」として、道庁府県（地方）小作官および小作官補（以下「小作官（補）」と略称）の執務内容について、大要つぎの通り具体的に指示、説明している。

① 小作調停法による小作争議の調停全般に関する事務

② 小作争議について、小作官（補）が独自に行う「事実上の調停」に関する事務

③ 「小作調停法ニ依リ調停ノ申立アリタル事件ニ付テハ、左ノ事務ヲ執ルベシ。

イ　小作調停法ノ規定ニ従ヒ、裁判所又ハ調停委員会ニ対シ、当該官吏トシテ独立シテ意見ヲ陳述スルコト

ロ　裁判所又ハ調停委員会ノ委嘱又ハ必要ニ応ジ、小作料減免、賠償等ニ関スル鑑定、評価、其ノ他検見、坪刈等、事実上ノ調査ヲ行フコト
ハ　調停委員会ニ於テハ、調停主任を輔ケ、調停ノ成立ニ尽力スルコト
ニ　小作調停法ニ定ムル勧解ニ付テモ、調停ノ場合ト同様、裁判所ニ協力スルコト」
④　調停委員候補者を調査し、その選任について地方裁判所長と協議し、調停主任裁判官の調停委員指定についても適宜進言するなどの事務
⑤　小作争議調停および小作制度改善に役立てるため、小作慣行、小作争議、地主・小作人の経済状況、作柄等の小作事情全般に関する調査事務
⑥　地主・小作人の団体、小作人の地位改善等に関する調査事務
⑦　小作調停成立後の状況調査等のアフターケア事務
⑧　小作争議調停の状況および成績に関する調査事務
⑨　小作問題全般について、本省に対する復命報告および重要事項の自主的報告に関する事務

四　地方小作官会議における開明的意見の表明

1　わが国小作農の実態

㈠　農商務省は、大正一三年（一九二四年）一〇月一八日から三一日までの間、小作調停法施行

(同年一二月一日)に備えて、第一回地方小作官会議(以下「第〇回会議」と略称)を同法の当初施行地域に該当する一道三府三一県の初代小作官(補)を招集して開催している。

第一回会議は、新任小作官(補)の新小作調停法および小作官制に関する理解を深め、小作官としての識見を高めることを目的とする短期集中の事前研修会であり、「小作学校」と皮肉られるほど新小作調停制度および小作農政全般にわたるレベルの高い講義、講演類が中心であった。

(二)　ところで、農商務省とくに小作立法担当の石黒忠篤ら開明派グループが、当初構想した小作立法の手順は、司法省が当時小作問題と同様に社会問題化していた借地借家問題解決のため実施していた立法的手法、すなわち、まず実体法(権利・義務の発生・変更・消滅の要件を定めた法規)としての借地法・借家法を制定し(大正一〇年(一九二一年)四月)、ついで手続法(権利・義務の具体的な実現の手続を定めた法規)としての借地借家調停法を制定する(同一一年四月)という手法と同様の手順を経ることにあったが、前記三の通り地主側の強い反対のため、実体法としての小作法制定が当面困難な状況になった。そこで、その打開策(妥協)として、とりあえず手続法の小作調停法を制定したうえ、その具体的調停事例の累積の中から小作法制定の趣旨に沿った新しい小作慣行を形成し、また世論の動向をも見極めながら、あらためて小作法の制定を図るという変則的な手順を経ることになった。そのため当初の小作立法政策(手順)は転換を余儀なくされるに至ったのである。しかし、それは開明派グループのプロ・小作農的路線の転換ではなかった。その意味では小作調停法は、単なる手続法に止まらず、小作問題改善とくに小作人保護のための法的セーフティーネット

（安全網）として機能することが当初から期待されていたものと評することができる。

このような状況下において、小作官に期待される役割は、小作調停における単なる幹事役や仲介者に止まることなく、裁判所の小作調停および小作官による「事実上の調停」において、小作官が当事者間の合意形成に積極的に関与することにより、プロ・小作農的な新しい小作慣行創出の牽引車として、リーダーシップを発揮することが強く期待されていたのである。

(三)　第一回会議における農商務省の説明資料によると、当時のわが国小作農業の実態は、およそつぎの通りである。

農家戸数は、大正一一年（一九二二年）末の全国農家総戸数は五二六万戸であり、そのうち自作農は一五九万戸（三〇％）、小作農は一四六万戸（二八％）、自作兼小作農は一二一万戸（四二％）である。その増減の動向は、明治四一年（一九〇八年）から大正一一年（一九二二年）まで一四年間の年平均値でみると、農家総戸数は年間わずか二〇万戸ずつの増加（ただし、大正一〇年以降は漸減）傾向にある。しかし、これを自作、小作別にみると、自作農は年九六〇〇戸減少している一方、小作農は年一七〇〇戸、自作兼小作農は年七九〇〇戸それぞれ増加している（『第一回議事録』二六三頁）。

耕地面積は、大正一一年末の全国耕地総面積は五二五万町歩（北海道および沖縄県を除く、以下同じ）で、そのうち自作地は二八二万町歩（内訳、田一四三万町歩、畑一三九万町歩）、小作地は二四三万町歩（内訳、田一五三万町歩、畑九〇万町歩）であり、耕地総面積に対する割合は、自作地五四％（内訳、田二七％、畑二七％）、小作地四六％（内訳、田二九％、畑一七％）である。その増減の動向は、明治四一年から大正一一年まで一四年間の年平均値でみると、耕地総面積は年一万二〇〇〇町歩ずつの増加(ただし大正九年以降は漸減)傾向を示している。しかし、これを自作、小作別にみると、自作地は年わずか一六〇〇町歩の増加に過ぎず、耕地面積増加の大部分は小作地の増加である(同二六四、二六五頁)。

農家経済の実態(大正九年末現在)は、これを地主、自作、小作別の所有地(小作地)の平均面積と年間平年収益(収支差益)の関係でみると、地主は所有田畑等平均面積二二町歩(二一万八一七四平方メートル。一町・九九一七平方メートルで換算、以下同じ)で平均収益は六七四円(収入五五五六円、支出四八八二円)、自作は所有田畑等平均面積一〇町歩で平均収益は(赤字)六六円(収入一六五四円、支出一七二〇円)、小作は小作田畑等平均面積一町六反歩(一万五八六三平方メートル。一反・九九一平方メートルで換算、以下同じ)で平均収益はわずか五円(収入一四一六円、支出一四一一円)である。

なお、明治二三年(一八九〇年)から大正九年(一九二〇年)まで三〇年間の年平均値でみると地主は所有田畑等平均面積二七町歩で平均収益は八一三円(収入三七五〇円、支出二九三七円)、自作は所有田畑等平均面積一一町歩で平均収益は三六円(収入八〇一円、支出七六五円)、小作は小作田畑等平均面積一町六反歩で平均収益はわずか一〇円(収入六一八円、支出六〇八円)である(同二〇三頁)。

ちなみに、大正九年当時、白米(一〇キログラム)約四円、小麦粉(一〇キログラム)約二円、日雇賃金約二円、かけそば約九銭であった(朝日新聞社編『値段史年表　明治・大正・昭和』一九八八年、参照)。

以上のような、自作農、自作地の漸減と小作農、自作兼小作農および小作地の著しい増加という対照的な農業経営および農地利用形態の質的変化ならびに小作農の貧農化傾向というわが国農業の厳しい現実に直面した農商務省とくに開明派グループが、苛酷な生活状況下にある農業者としての小作人を保護するというプロ・小作農的視点から、小作農保護のための農業政策(立法)をもって、わが国農政の当面の最重要課題であると考えたことは極めて適切かつ正当なものであったといえる。

2　小作調停実施初年度の情勢分析

㈠　大正一四年(一九二五年)九月小作調停法施行後初の第二回地方小作官会議が開催された。

新農務局長石黒は、農務局長指示(『第二回会議録』四〜八頁)において、小作調停法施行後の小作調停の概要(同年七月末現在)について、つぎの通り報告している。

小作調停の申立数は九六七件(関係人員は地主二四九三人、小作人九九九七人、関係耕地面積は四九〇二町歩)で、そのうち事件終了数六五一件(既済率六七%)であり、その内訳は調停成立五二五件(成立率五四%)、調停取下一一二件(一二%)、調停不成立九件、その他五件である。

また、調停外の「事実上の調停」として、小作官が中心となって調停斡旋した件数は三一三件(関係人員は地主五六〇五人、小作人二万六二三八人、関係耕地面積は一万九〇一九町歩)で、そのうち調停斡旋終了数二七四件(既済率八八%)であり、その内訳は調停成立二五四件(成立率八一%)、調停不成立七件、その他一三件であるとして、小作調停実施初年度の情勢報告をしたうえ、小作官の尽力と功績を称賛している。

なお、司法統計上の大正一四年度の小作調停事件の年間新受件数は一八一九件であり、既済率は六七%である(最高裁事務総局『明治以降裁判統計要覧』三〇頁)。

小作調停法施行初年度(八カ月間)にして、小作調停申立数が約千件に達し、調停成立率も五割を超えるという実績は、借地借家調停法の場合、同法施行初年度の借地借家調停申立数が、大正一一年一〇月から翌一二年八月末(関東大震災発生直前)までの一一カ月間はわずか三〇〇件程度に止まっていたことに照らしても、称賛に値する運用実績であるといえる。

また、小作官による「事実上の調停」の取扱件数が三百件を超え、その合意成立率が約八割、既済率も約九割という驚異的な数値に示された、横山ら小作官の小作争議に関する調整能力は高く評価されるべきである。

このような、小作調停法施行初年度における素晴らしい実績に照らすと、当時わが国農政の最重要課題であった小作問題の改善(近代化)のために創設された小作調停および地方小作官制度が、小作争議解決の法的システムとして順調に発進し、その有効性が早くも発揮されたものといえる。

㈡　横山は、大正一四年一二月『県農会報』三三八号に「小作調停事件に現れたる現象二三に就て」(同号五頁)と題する小論を発表している。その記述内容からみて、右㈠と直接関連するので、ここで併せて紹介することにする。

横山は、右小論において、司法省民事局発表の小作調停事件の調査結果（大正一三年（一九二四年）一二月一日から同一四年九月末までの一〇ヵ月間）に基づいて、小作調停法施行初年度の小作調停事件の特徴的動向について、つぎの通り的確な分析をしている。

① 全国裁判所受理件数　一一八〇件（静岡県・三件）
② 申立者別件数　地主申立・七五四件（静岡県・地主申立のみ三件）
　小作人申立・三九八件、　双方申立・二八件
③ 争議目的土地総面積　五九四七町歩（静岡県・八町七反歩）
④ 関係者数　地　主・三一〇二人（静岡県・三人）
　小　作　人・一三四七人（静岡県・四七人）
⑤ 調停結果　調停成立・六七五件
　調停取下・一六五件（静岡県は全件取下）
　調停不成立・一一件、　調停未了・三二〇件

なお、横山は、調停成立と調停取下は「合わせて調停成立と見て差支えない」とコメントしているので、両者を合計すると八四〇件、じつに七一%が円満解決されたことになる。また、調停不成立は一%足らずで、既済率は七三%という高率である。

横山は、以上の調査結果に基づいて、調停成立事件に関して、とくに申立趣旨とその調停結果

（内容）について、地主、小作人別に分析して、つぎのような注目すべき指摘をしている。

①　地主側申立事件中、申立趣旨が小作料支払請求事例は三〇八件であり、その調停結果は、無条件で小作料全額支払を認めたものは四件に過ぎない一方、小作料率低減または奨励金給与（事実上の小作料減額）の付加条件で調停が成立した事例は一八四件で全数の約六割を占めていることは注目すべき現象であるとして「訴訟の場合には地主は小作料支払の請求をなせば、その解決は、支払うべし、支払を要せず、との結果を多く期待さるべきに、この調停においては、支払うべし、というのは僅少の例外であって、大部分は、かゝる条件の下に支払うべし、というのであり、しかも、それが将来の小作契約を更正するのである。小作人の勢力というものが、現実に社会に重きを置きつゝあることがこの現象を表すのではないか」と分析したうえ、前記「横山の小作調停論」において強調した協調妥協主義に則り、小作紛争の適切な法的解決のためには、訴訟（判決）による一刀両断的な解決方法よりは、小作調停により、調停委員会の適切なリードの下に、当事者の互譲協調に基づく自主的な解決方法によるのが相当であり、それが結果として、旧来の小作契約関係の不合理性を是正し、小作人の社会的地位の向上を促して小作問題の改善をもたらす旨指摘している。

②　また、小作人側申立事件中、申立趣旨が小作料減額請求事例は二〇五件であるが、地主側申立の場合と同様に、その約六割が小作料率低減の付加条件で調停が成立しているとしたうえ、とくに注目すべき現象として「小作料率低減〔の条件の外に〕小作人に対してその耕地の先買権を付与する〔略〕ことを調停成立の条件としているのが、四九件の多きに及んでいる」とし、さらに「小作法

案にも、小作人の土地の先買権というものは、重要な〔しかし〕困難な規定として考えられた。〔略〕しかるに、そのことがかくも安々と〔成立するということは〕小作人の事業上の権利として、社会が認めざるを得ないことを如実に示しているではないか」との認識を示して、小作調停実務においては、政府が立法作業中の小作法案所定の小作人の小作地先買権を先取りする形で、新しい小作慣行が現に発生していることを指摘している。

③　さらに、地主側の申立事件中、申立趣旨が土地返還請求事例は二六件であり、小作人側の申立事件中、申立趣旨が土地耕作継続請求事例は四七件であるとしたうえ、両者の成立した調停内容を大要つぎの通り分析している。すなわち、耕作全部継続の事例は六件、耕作全部継続と小作料率低減の付加条件で調停が成立した事例は三二件、耕作全部継続と小作料減免の付加条件で調停が成立した事例は六件、耕作一部継続、その他の条件で調停が成立した事例は数件に過ぎず、無条件で耕地全部返還の調停が成立した事例は一件もない。しかも、条件付で耕地返還の調停が成立した事例の「付加条件」は、鍬先料《くわさきりょう》(小作権料と同義)支払、金穀給与(金銭、穀物支給の意)、小作料免除等である。また、小作料増額で調停が成立した事例は、小作人側の耕作継続申立事件中の一件のみであるとして、小作調停実務においては、地主側の一方的な小作地返還請求は、原則としてこれを認めないというプロ・小作農的な処理が、現実に行われていることを明確に指摘している。

以上の通り、横山は、小作調停の結果(内容)を小作料減免および小作地返還(小作継続)を中心に詳細な分析をした結果に基づいて、「小作人が多年希望した事項は、小作調停法による調停事件に関する限りにおいては、ある程度までその希望は実現せられつゝあるものである。しかも、国家はこの法律以外、いわゆる事実上の勧解をなすことを妨げてはいないのである。地方の有志者が小作争議の解決をなさんとしつゝ、しかも、その依拠するところを知らず、或は地主小作相互の旧来の契約条項にひたすら拠らんとし、或は民法等の条文の正面からの素人判断を以て解決の正道となさんとしつゝある者に対して、私はこの調停事件の調停条項が、如何に従来の小作契約というものと無関係に、民法における賃貸借関係の規定に拘束されずに、小作事情、社会事情に適合せんと苦心して作られつゝあるか、ということをお知らせしたいのである」と結論づけて、その先見性を如実に示している。

このように、横山は、一年前、「小作調停法に就て」において、プロ・小作農的視点から、協調妥協主義を指導理念とする自らの小作調停論を展開した際、そのキーワードであった「法律の社会化」現象が、新しい小作調停法の下で着実に実現しつつあることについて、密かな感動と自信をにじませながら、小作調停実施初年度の情勢報告を行っている。ここにもまた、横山が理想とする農業者(小作人)の幸福な生活の実現を目指して、初代小作官としてスタートを切って活躍する開明的農政実務家横山の意欲的な姿を垣間見ることができる。

㈢　第二回会議において、横山は諮問事項の「小作制度の改善、小作問題の対策に関する事項」について、小作法および小作組合法の早期制定の必要性を答申している(『第二回会議録』二九頁)。

また、協議問題の「小作官自らの調停申立の可否」については、消極的意見を述べており、その理由として、小作官が検事のような強権者となるのは問題であり、当事者に無理に申立てさせてもその効果は疑わしいと主張している（同三八頁）。さらに、協議問題の「組合及組合法に関する件」について、小作組合と地主組合との争いを解決する機関を設置することを提案している（同一〇七頁）。この提案は横山の「農業協調委員会」構想（後出五、2参照）の先駆的なものである。

3　小作法早期制定の上申書提出

昭和二年（一九二七年）七月、第四回会議が開催された。

㈠　新農務局長松村は、農務局長指示（『第四回会議録』三〜六頁）において、小作争議がますます複雑かつ広汎になりつつあるとして、その具体的動向に関して、大正一五年（昭和元年（一九二六年））における争議件数は約二七〇〇件（前年比約七〇〇件増）であり、関係人員は地主約三万九四〇〇人（前年比約六四〇〇人増）、小作人約一五万人（前年比約一万五五〇〇人増）、関係耕地面積は約九万六五〇〇町歩（前年比約六〇〇〇町歩増）であって、いずれも前年度より大幅に増加している旨報告している。その上で、小作争議は、階級闘争の問題ではなく、農家経済上の分配の問題として考慮すべきであるとし、また、小作問題は、農業全般ならびに農村の改善施設と相俟って解決を図るべきである旨述べている。

松村は新農務局長の施政方針的見解として、小作法の早期制定に関して、農商務省が策定した小作法草案をこの際特別に公表して、広く国民一般の意見を求めることにより、その内容を時代の要請にさらに合致させるとともに、小作調停による新たな小作慣行の発生を待つ必要があるとの理由から、小作法の早期制定について消極的姿勢を示す一方、自作農創設事業については、これが小作問題の根本的解決策であるとして、その早期実現に積極的姿勢を示している。また、小作調停についても「〔小作〕調停法上ノ調停ノ如キハ〔略〕常ニ必ズシモ之ニ依ルヲ必要トシナイノデ、事情ノ許ス限リ、事実上ノ調停ニ依リテ合理的ノ解決ヲ図ルヲ妥当ナリト考エラル」として、小作官による「事実上の調停」の有用性を強調する反面、小作調停（いわゆる「依法調停」）に対しては極めて消極的な態度を表明して、石黒前農務局長の小作調停制度を中心とする小作制度改善路線とは異なる立場を明らかにしている。

しかし、この松村農務局長のいわば新路線宣言にもかかわらず、同会議に出席した小作官（補）は、大阪府小作官梶正雄を中心に緊急動議を行ったうえ、横山を含む小作官一同の協議結果として小作法の早期制定を強く求める旨のつぎのような農林大臣あての「上申書」を提出して、地方小作官の「独立官庁」たる意気と「小作保護官」としての気概を示している。

上　申　書

小作法ノ制定ハ、我国小作事情ノ趨勢ニ鑑ミ、小作調停ノ実験ニ照シ益々其ノ必要ヲ痛感ス、仍テ政府ハ速カニ之ガ実現ニ付考慮セラレンコトヲ、茲ニ第四回地方小作官会議出席者一同ノ決議ヲ以テ上申ス。

(二)　横山は、同会議の諮問事項についてつぎのような答申書(『第四回会議録』一二七～一三〇頁)を提出している(「」内の平仮名表記化、句読点付記は筆者による。以下、6まで同じ)。

①　諮問事項の「小作争議、地主小作人の組合運動及小作調停に付最近特に注目すべき傾向及之に対する意見」について、静岡県における小作料減免問題、小作地引上げ問題、小作地売買の問題および地主、小作人の組合運動の各実情について、具体的に報告し、とくに小作調停法の運用実態については、「小作調停法に依る調停事例は、法律施行後十数年にしてその利用多からざるも、調停法に依りて問題を解決せんとする傾向は小作人側に強くして、地主と交渉の際解決困難なる場合、調停申立をなすべきことを条件として申立つる為、比較的容易に地主の譲歩を得る傾向にあり、之を概観して、本県に於ける小作事情は徐々に小作人の勢力増加と共に小作条件も小作人側に漸次有利となりつゝある傾向にして穏健に推移しつゝあり」、また「小作調停成立後の調停条項は、概して良好に履行せらる」として、静岡県における小作調停の実施状況が、小作人側主導の形で順調に運用されている旨実情報告をしている。

②　また、諮問事項の「小作争議の影響が農村及農業の振興上に現れたる注目すべき実例及之に対する意見」について、「小作争議の為に一時農業の発展阻害することありても、その解決妥当なる場合は却って農業の堅実なる発展を見ることあり、本県富士郡地方は〔略〕小作争議生じつゝあるも、その争議の解決せる後にありては、小作人は勤勉となり、地主も一応小作料減額に依って困難を感ずることあるもその収入は却って安定し、土地売買価格も漸次相当の位置に回復しつゝあり」

として、小作争議が妥当な形で解決された場合は、かえって農業の健全な発展をもたらすとして、小作争議の公正、妥当な解決を図ることの重要性を強調している。

4　小作争議・調停の特徴的傾向

昭和三年（一九二八年）六月、第五回会議が開催された。

横山は、第五回会議において、諮問事項について、詳細かつ具体的な意見書（『第五回会議録』一四五〜一五一頁）を提出している。

横山は、諮問事項の「小作争議、小作調停、其他小作に関し最近特に注目すべき傾向並に之に対する意見」について、静岡県における小作争議、小作調停等の小作問題一般に関する実情を詳細に報告し、その問題点と具体的な改善策等について、先見性に富んだ意見を表明しているが、ここでは紙数の関係でつぎの点を例示するに止める。

横山は、諮問事項の「小作調停の影響が農村及農業の振興上に現われたる注目すべき実例及之に対する意見」について、「本県に於ける小作調停事例は其の数多からざるも、その中、小作料軽減に関するものは（略）特に農村に影響したる事実は薄きも、多くの調停事件は、従前の小作地が新地主に買取られ又は地主が自作を為さんとする為に小作人が小作継続を主張して調停申立を為したるものにして、其の結果は、多く小作継続の目的を達せずして小作地を離るゝこととなり、之に対する小額の代償を受取りて落着し、稀に小作人が土地の一部買取りたる事例あり、従って斯る調停の行われたる地方は小作地の売買は漸次不円滑となると共に小作人は累代の小作地を何時失うかの危険に直面し、之を防止し小作地を離るゝ際には賠償金を得る事例を作らんとして団結を為さんとする傾向を生じつつあり〔略〕、地主は又此結果を極力嫌忌する為、調停を非難し又調停申立の時期を失する様、故意に小作人に隠して土地の売買を為し従前の地主小作人の善良なる習慣より遠ざからんとするの傾向あり又小作契約に際しては何時にても返地を認めしむる如き条件を特に付し地主小作人の利害の衝突は漸次増加せんとし農業不振に陥る事例少なからず」と報告し、これに対する意見として「斯の如き調停に際しては、努めて小作法草案第四条、第六条の条項が法令に定めらるゝことを以て最必要と考える」と述べている。

なお、横山のいう小作法草案(以下「草案」と略称)は、昭和二年(一九二七年)三月、農林省農務局が、小作調査会答申に係る「小作法制定上規定スベキ事項ニ関スル要綱」に基づいて立案したうえ、閣議決定前、とくに公表したものであり、横山が右意見で援用した草案四条、六条は、とくに重要な条文であるので、つぎに関係部分を参考までに紹介する。

第四条第一項　小作地賃貸借ハ其ノ登記ナキモ小作地ノ引渡アルトキハ爾後其ノ小作地ニ付物権ヲ取得シタル者ニ対シ其ノ効力ヲ生ズ

第六条第一項　賃貸人ガ其ノ小作地又ハ永小作権ヲ売却セントスルトキハ命令ノ定ムル所ニ依リ賃借人ニ対シ一定ノ期間ヲ定メ買取ノ協議ニ応ズベキ旨ヲ通知スルコトヲ要

ス

5　小作問題改善策に関する提言

㈠　昭和九年（一九三四年）一月、第八回会議が開催された。

横山は、第八回会議において、諮問事項の「農村不況に因る自作及小作農家に於ける各種事情の推移並に現下の小作事情に鑑み考慮すべき方策如何」について、つぎのような開明的な提言をもって答申している（『第八回会議録』一七二〜一七四頁）。

① 自作農創設維持事業ニ対シテ、土地購入ニ適当ナル法制ヲ定メルコト

② 耕作権ニ対シテ、適当ノ法制ヲ定メ、同時ニ耕作権ノ付随セザル土地ノ金融ニ付、簡易ナル融通ノ途ヲ開始スルコト

横山は、その理由として、農村不況による地主、自作および小作農家の現況は、それぞれの立場により、特殊で困難な事態を発生させているとの現状認識の下に、つぎのように述べている。

地主については、「経済事情の変化につれその負債償還が困難なる為に所有土地を維持し得ず漸次その地主たる位置を失うに至る者稀ならず、この地主の没落は〔略〕一般に地方農家の所有に分散せられ之に伴いて小作問題を発生し現に農村の困難なる事件として取扱わるゝに至りたり〔中略〕、然れども、その地主の内にはよくその土地を小作人に転売して負債を整理して危機を免れたる地主も相当多数にして自作農創設維持事業開始以来の顕著なる事実なり」として、悪化する小作問題の

改善のためには、土地金融の容易化と自作農資金供給の拡大化が必要であり、これにより地主は充分な利益が得られると同時に、小作農も地主の土地喪失という事態に連動する形で小作地を失う危険を回避することができるとする。

自作農については、自作農が経済上の困窮から農地を譲渡せざるを得なくなった場合でも、農家としてその土地の継続的耕作を強く希望することもあるとして、自作農が所有土地を維持するため適切な金融施策を実施するかまたは「耕作権」を認めて、土地売買の場合にも耕作権が残存し得るよう法的保護策を講ずることにより、自作農の営農上の不安を除去すべきであるとする。

小作農については、「小作農家が近年直面せる困難なる事情は、小作地の永続性なきことにして〔略〕発生する争議は、何れも小作地返還を要求する地主との交渉成らざる為にして、その返還を求むる理由は、概ね所有権移転を伴いて、当然小作関係消滅すと言う現行法制が農業事情に極めて不適当なる規律を定むる結果にして、最近経済事情の変化はこの小作農家の法律的弱点を衝くこと甚だしきものなり、小作農家の業務の上に暗影を濃くするものは耕作権の認められざることにあり」とし、民法の土地所有権絶対化と土地利用権(耕作権)相対化(賃借権化)の法制下における小作契約関係について、契約自由の原則の形式的な適用がもたらす不当な結果を鋭く指摘したうえ、このような不公正な結果を回避するためには、小作人に「耕作権」を認めるとともに、小作農が自作農化する機会を積極的に与えることが必要であり、これにより、地主、小作人間の関係が堅実なものになると同時に、農業者が農業の発展に努力する契機にもなると主張する。

横山はその上で、自らの協調主義の立場から、しだいに深刻かつ困難化する小作問題を改善するため、その農政上の具体的施策について「将来耕作権に対する適当の法的規律を与え、所有権と分離してその処分を行わしむると共に、一般金融機関に於ける土地金融は耕作権の付随せざるものを以てし、土地証券に依り市場に流通せしめて土地金融を簡易ならしむべし」と主張する。つまり、農地における所有と利用を分離したうえ、土地の証券化（土地所有権を有価証券化して、資本市場から資金を調達する仕組み）による農地の資産的流動性の導入および耕作権の物権化による農地利用権の法的独立性の確保という新構想の下に、地主の経済的地位と小作人の法的地位の安定化を同時に図るとともに、小作農の自作農創設維持事業による小作地の取得を容易にするため、「その資金の給源として特殊の金融機関を設け、国の監督の下に土地が地主より小作に移る仲介機関たらし〔めて〕、自作農維持の為の金融をも行わしむることに依り」、前記①、②の各答申の趣旨を実現できるとする。そして、そのための政府系特殊金融機関の創設という斬新な提案を行っている。

また、協議問題の「小作権賠償、作離料支給に関する件」について、静岡県における争いのない場合（円満な取引の場合）の小作権賠償および作離料（小作契約終了の際、小作人が被る小作農業経営上の損失補償の目的で、慣行上、小作人に支払われる金銭で、離作料、離作補償金ともいう）支給について、県内各地域別の具体的価額を報告したうえ、小作人が地主の土地返還要求に応じないため争いとなり、小作調停により解決した事例における作離料の支払額は、争いなく土地返還がなされた場合の半額程度に止まっている旨報告し、小作権の補償（作離料支給）問題がからむ小作調停の困難性を率直に指摘している。

さらに、静岡県の特殊問題として、果樹園(とくに蜜柑園)小作地返還問題をめぐる小作争議の実情とその問題点について、つぎの通り報告している。

蜜柑園の小作争議の実情については、「蜜柑園の返還問題について煩わされることが多く、小作人は大体園樹売買価の半分を貰いたいと主張する。尤も園樹の所有権の帰属如何によって、其の賠償価格は異なるべき筈であるが、事実は之を育成せしめたるのは等しく小作人の丹精であるから同様に取扱われたいと主張する。それで之が調停に当っては之を一応区別するが、小作人は丹精料の名称の下に要求する。庵原村では、争いのないものは大体小作人の此主張に近く解決し、そうでなければ土地の価格の二五%を小作人に交付したものもある」と報告したうえ、争議の原因とその問題点について、「蜜柑園は一五年位を経過せば立派なものとなり、反当三〇円位の小作料の地で、其の果樹園の売買価格は一二〇〇円ないし一五〇〇円を呼ぶようになる。然も、一方小作料は当初の契約によって増額し得ないため、地主は自然他に売却しようとするに至り争議となるのである。殊に二五年位のものは、小作人が之を取上げられることは自己の貯蓄を取上げられる如くに感じ、茲に激烈な争議の発生を見るに至るのであります」として、地主の土地所有権の優越性と蜜柑園の財産的利益の独占性を当然視する考え方が、本来、土地とは法的、経済的に別個独立した蜜柑樹自体の財産的価値を無視ないし軽視する結果を招くに至っており、これが蜜柑園小作争議の根本的原因であるとして、蜜柑園地主側の独善的で古い体質を指摘して厳しく批判している。

この横山の報告は、横山が主体的に参画した「静岡県に於ける蜜柑園の小作事情」（後出第三章、四参照）の調査、研究結果を踏まえたものである。

㈡　横山は、第六回東京控訴院管内小作調停事務協議会（昭和六年（一九三一年）一〇月長野県開催、出席者・東京控訴院管内一府一〇県の各地方裁判所判事および各地方小作官（補）ら）において、蜜柑園の小作問題について、開明的な意見を述べている。その意見内容からみて前記果樹園小作地返還問題と直接関連するので、ここで併せて紹介する。

横山は、協議問題の「果樹の如き永年作物栽植地の調停に当り、特に注意す可き事項如何」について、果樹園、桑園等の永年作物栽植地においては、旧来の地主側に偏した小作慣行が、現在も行われているとして、蜜柑園の小作調停においては、この旧来の小作慣行に対して現行の民法等の法律を如何に適用するかという点に、小作調停上の悩みがあるとして、実体法の小作法を欠いたまま小作調停を遂行せざるを得ない小作官の苦悩を素直に告白したうえ、静岡県における蜜柑園小作の特殊事情と問題点について、蜜柑園小作地の引上げと作離料を中心に、つぎの通り述べている。

「蜜柑園の小作地〔略〕は小作人の力で開園したものであり、これを育成するに可なりの労力を出費しておる、〔略〕亦かくすることに多大の苦心を要するものである。従来かくの如き小作人に対しても、作離料は餘り考えられぬのであったが、調停に於いて、地主をして、かくの如き土地に対して唯で土地返還は出来ぬものであり、小作人に作離料、其の他の賠償をす可きであることを知らしめるように努力しておる。然らば其の程度如何、〔略〕蜜柑は植付後十年―二十年で利益を回収し、樹命六十年—五十年とする。始め利益のあがらぬ間は、反当り小作料十円—五円位の少額とし、収益上るを待って小作料増額するが一般に行われておる処である。然るに近年不況〔で〕、地主にそれだけの余裕なく、彼等は田畑山林を担保として借金し、それでも堪えられずして終に土地を売却せんとし、彼等の権利を利用して蜜柑畑の引上げを行わんとするのである。だが小作人にとって、〔略〕蜜柑畑の価値あるは土地にあらず、かくの如く作り育てた小作人の辛苦の賜物である〔略〕。然るに、地主は土地が自分のものだから、其に付着する樹も当然我が所有なりとの通念を持っている」（『第六回東京控訴院管内小作調停事務協議会要録』五〇頁、五一頁）。

このように、横山は、蜜柑園小作争議における特殊事情として、蜜柑園小作地返還に伴う作離料支払に関する争いの特殊性を的確に指摘したうえ、蜜柑園小作争議の原因（問題点）は、専ら蜜柑園地主が、蜜柑園に成育する蜜柑樹について、独自の財産的価値を認めず、当然に土地所有権に包含されるとする独善的な所有権優越の考え方に起因するものであると厳しく批判すると同時に、蜜柑園小作地返還に伴う蜜柑樹の財産的価値の賠償として、蜜柑園地主が蜜柑園小作人に対し、蜜柑園の土地価格の約四割程度の作離料を支払うのは当然であると明言している。

6　小作調停実施後一〇年の総括

昭和一〇年（一九三五年）七月、第九回会議が開催された。

同会議で、湯河農政課長は「小作調停に依る調停」と題して、小作調停法施行後一〇年を総括して、その間の小作調停の動向に関し、つぎの通り報告している(『第九回会議録』九～一一頁)。

小作調停法施行後一〇年間(昭和一〇年四月一〇日到着報告分まで)の小作調停申立総件数は三万五〇五三件(争議単位件数では一万九〇〇〇件)で年々増加傾向にあり、とくに土地返還関係の小作調停申立の増加が顕著である。また、小作調停の成立率は約七〇%の高率に達し、小作争議の大部分は小作調停によって円満解決されていると報告して、小作調停実施後一〇年間の運用実績を高く評価している。

横山は、同会議において、協議事項全般にわたって、小作調停実施後一〇年間の地方小作官の実務経験を踏まえて、静岡県における小作問題の現状分析(問題提起)とその具体的対策に関してつぎのような内容要旨の意見書(地方小作官会議録・第五分冊三七五～三八四頁)を提出している。

① 協議事項の「土地所有権移動に関する事項」について、当時、静岡県においても銀行所有地が増加し(約百町歩)、いわゆる銀行地主が出現する状況にあり、それが土地ブローカーの介入等のため、小作問題に新たな問題が生じている旨報告し、さらに、「最近本県内に於て顕著なる現象は、繊維工業〔化学工業〕の発達に伴い、工場の新設〔相次で起り〕其の敷地は約十万坪内外を要するもの多く〔略〕。之等は何れも県内に於ける最も肥沃にして且便利〔な〕農耕の価値最高の地方に於て、其の土地の利用方法を転ずるものなるを以て、其の農地に依り永年生計し来りし農家に取りては、真に其の家業を廃絶せしむるの結果を来すものなり。〔略〕然れども〔略〕各地方小都市共之を歓迎し、何れも争って有利な条件を提供して、工場設置を〔略〕誘致せんと〔略〕して、農家殊に小作農の反対

の如きは之を無視するを常とす。〔略〕然も、其の工場建設の為に減少せる付近農地は、農家の競合に依りて、其の土地価格は不相当な高価を示し、小作人の如きも、其の小作地を失い〔て〕得たる若干の補償金〔略〕の全部を投じても、到底其の半〔分〕の小作地をも新に得ること能はず、為に困難なる小作問題を発生するに至りたり」として、都市部周辺への全国的規模の企業進出に伴い新たに生じた、地方都市の企業誘致による発展推進と営農適地の確保という、相矛盾する今日的で解決困難な問題について、適切な現状分析による鋭い指摘をしている。

さらに、小作地の所有権が競売により変動する事例が増加傾向にあるとしたうえ、これに伴う小作人の不安を除去する対策としては、地主が小作地を引上げる場合には、小作人に対する相当額の賠償義務を負わせるような農地立法によって、小作関係の土地制度を基本的に改めることが必要である旨強調する。また、右賠償(補償)の性質についても、「近年本県に於ける工場、其の他の企業の為に買収せらるゝ農地の所謂小作補償金として実際支払われる金額の内容は、純然たる小作補償に非ずして、所謂耕作権に対する賠償と考うべきものなり」と指摘している。そして、現実の経済取引においては、この耕作権の財産的価値はすでに承認されていると現状分析をしている。その上で、地主および金融機関が、小作地の土地価格には、小作人の「耕作権」という独自の取引価格が常に含まれていることを認識して土地金融取引を行えば、地主側の小作地所有権移転に伴う小作人の不安を除去できるとして、「従来の小作権の法律化と言う問題よりは、耕作権なる意味の法律化を以て適当とすべし」と提言し、当時、小作問題のキーワードであった「耕作権」を、独自の財産権として法的、経済的に承認することを強く主張している。

② 協議事項の「小作契約の期間、継続及消滅に関する事項」について、「現在の小作契約は、期間に付ても、継続に付ても、概ね小作人が安定し得る条件を有するもの無しと言うも妨げず」と断言して、小作契約の現状を憂慮し、このような事態は、民法の所有権絶対思想により生じた必然的な結果であり、これは明治以前の小作慣行（永小作等）に明らかに反するものであると批判している。その上で、「農村伝統の秩序は、封建時代の遺習を今尚多分に有するに拘わらず、其の小作関係は現行法規を以て律せんとする所に小作不安の実相あり」と指摘し、その改善策として、小作人保護の視点に立った小作法の立法および小作調停の運用の必要性を暗に主張している。

ところで、明治以前は、物権と債権を明確に区別する近代法的権利意識は希薄であったから、小作関係は多様な小作慣行により規律されていた。たとえば、永小作についても、用益権的永小作、土地持ち永小作、土地分け永小作の三種に大別される永小作慣行が存在したといわれている。しかし、明治政府は、地租改正による税収確保、国家財政安定化のため、地券制度による私的所有権の確定および民法による土地所有権絶対性（優越性）の確立という、近代化プロジェクトの土地制度改革の下に、江戸時代以来行われていた永小作慣行を、第一種・永小作（甲種、乙種）、第二種・年期小作、第三種・普通小作の三種に区分したうえ、第一種・永小作を廃止した。

この永小作は、農地利用の永続性すなわち地主が一方的に「小作株」を取り上げることができない点で、民法上の農地賃借権（小作）と比較して、物権的色彩の濃い農地利用関係であった。

横山は、ここで、このようなわが国農地制度において重要な伝統的地位を占めていた永小作を、明治政府が一方的に廃止して、これを民法上の賃借権に矮小化した一連の小作制度の再編を批判するとともに、わが国農業における伝統的な永小作慣行に関して、プロ・小作農的視点から是々非々主義で見直したうえ、これを民法等の成文法とは別に、小作関係を事実上規律するいわゆる「生ける法」として、小作契約関係の改善のために適宜活用する必要性についても主張しているものと推測される。

③　協議事項の「小作地返還の場合に於ける賠償に関する事項」について、小作地のみ返還の場合の賠償について、「工場敷地〔略〕等の用途変更に伴うものは、多く相当の賠償を為すを以て通常とし、小作地返還の理由が、自作、其の他依然耕地として継続せらるゝ場合には、其の賠償を必要とせざる観念相当に強し」とする一方、地上物件の賠償については、「使用目的の如何に拘らず之を必要とする観念は普通なるも、其の価値判定に於ては、相当価格に及ばざる極めて低位のものにして、農家自身に取りては、〔略〕田畑の毛上なきものを無賠償にて引渡すよりも甚しき苦痛を感ずるものあり」と実情を報告している。そして、その対策として、地主が、小作調停等において、小作人の毛上(土地上の稲毛等)の所有権を否認する例の多いことに鑑み、毛上の正当な所有権者である小作人に対して、毛上買取請求権を認めることが農業上必要不可欠であると主張している。

④　協議事項の「小作料の改定及減免に関する事項」について、「本県に於は、従来小作料の割合は、収穫の五割五分乃至六割位に相当するもの普通にして、折半の地方は小作料安き地方と見ら

る。（略）最近、小作人組合が無力になり又は小作地需要の増加に圧されて、小作料は幾分騰貴し来り、〔略〕斯る情勢に駆られて、小作料を値上げする地主各所にあり。土地売買の際、小作料値上を条件に小作契約を結び又買取後値上を要求し、応ぜざれば小作をせしめぬと言う如き事も各地方に起こりつゝあり。小作料に付ては、反動時代に向い来りし感あり」として、地主側の小作問題改善についての無理解と独善的行動を批判しつつ現況報告をしたうえ、その抜本的対策としては、小作料改定に関する公的な協議機関を設置する必要がある旨提言している。

⑤　協議事項の「其の他」に関連して、横山は、蜜柑園等の永年作物小作特有の問題として、つぎのような注目すべき問題提起をしている。

果樹、茶、桑等の永年作物植栽の小作地について、「其の〔略〕植物の性状、農業上の価値を考慮して、其の財産的価値を所有者たる小作人に保持せしめ得る様、法律上の保護を与えることが必要なり」と主張したうえ、静岡県特有の果樹園返還に伴う果樹類の永年作物の収去問題について、「本県に於ては、蜜柑樹、茶樹等の小作人の所有に属する相当高価なるものに付て、小作地返還の問題起る毎に、小作人の苦痛甚しきものあり。樹木の性状よりして、現行民法が小作人に其の所有たる樹木を収去する権利を与えて、其の所有権を保護するが如き形式を見せかけ居ることの如きは、実害の大なること意想の外なり。移植して其の価値を失う所の果樹類に付ては、現今の農業状態よりして、急速に其の栽培の利益を失わしめざる臨機の処置を講ぜざる可からず」として、その基本的原因が、法制上の不備にあり、とくに、民法において所有権者に認められている物上請求権（妨害排除請求権)が、地主側によって恣意的に利用されている不当性を批判している。そして、その対策として、果樹園小作人が植栽した果樹類の買取請求権を小作人に与えるとともに、果樹類所有者の小作人がその財産的価値を保有できるような立法的措置を講じ、これにより果樹園農家に果樹類栽培の安全性を保障する必要性を強く主張して、「永年作物買取請求権」の公認ともいうべきユニークな提言を行っている。

この問題は、基本的には「有益費償還請求権と有用地上物件収去権の関係」という、民法上の難問題に関連するものであるが、この点に関する法律論を展開することは専門的に過ぎるので、ここでは、実務的問題点を簡略に記述するに止める。

つまり、小作人は地主に対し、法的には、蜜柑樹等の所有権者として、蜜柑樹等の収去権を有する反面、その収去義務をも負担することになる(民法二四二条但書)。そのため経済的には、小作人にとって実質的に不当な結果が生ずることになる。しかも、横山が適切に指摘する通り、蜜柑樹等の永年作物をとくに成果期に収去することは、著しくその価値の減少を来して、小作人に著しく不利益となるばかりでなく、社会的、経済的にも多大な損失となることは明らかである。

このような不当な結果を回避するためには、果樹園小作人の蜜柑樹等の植栽、管理行為は、果樹園に対するいわゆる「継続的良耕耘(作)」として、特別の改良行為(民法一九六条二項、六〇八条二項)のため支出した有益費(賃借人が賃借物の改良のために支出し、その価値を増加させた費用)に該当するものとして、有益費償還請求権を認める方策、また抜本的方策としては、横山が主張するような「永年作物買取請求権」という特別の権利を小作人に認めてこれを法定することが考えられるが、より現実的な解決策としては、小作調停の調停条項または小作契約自体の特約条項において、当事者間の合意事項という形で、地主の有益費等償還に関する特別義務として、これを明定するのが相当である。なお、横山は、小作調停において、実際に地主の右有益費等償還義務に関して、その調停条項化を積極的に実践している(後出第三章、四、2の事例参照)。

以上のような、横山の小作官会議における意見表明をみるときは、小作調停等の実務上の問題点について鋭い指摘をするとともに、その具体的対策等についてもユニークな提言を積極的に行っており、ここでも、横山の小作問題に関する意見の開明性(先進性)をうかがい知ることができる。

五　『静岡県農会報』における開明的意見の再展開

横山は小作官任官後も、『県農会報』誌上において、地方小作官の実務経験を踏まえて、数多く意見を発表している。とくにつぎの各小論においては、開明的な独自の意見を展開している。

1　小作組合、農会へエール

横山は、大正一四年(一九二五年)三月、『県農会報』三二九号に「小作組合と農会との関係」(同号一～四頁)と題する横山の小作組合論ともいうべき見解を発表している。

この小論において、横山は、静岡県の小作組合の数が百を超えていることに関して、現在の時勢においては、小作組合は当然組織されるべきものであるから、立派にその存在理由があるとしたうえ、その使命について、「小作組合本来の使命は、小作人階級共同の福利増進を自治を以て実現するにある。〔その〕主要目的を小作条件の維持改善に置き、その故に必然的に地主階級に対抗する勢力の造成を以て、その実現を企図するものである」と、小作組合の使命を正当に位置づけるとともに、小作者の農業経営上の「共通的〔な〕損失又は不利益〔は〕、同じ立場にあるものが、結束してその不利なる状態を排除改善せんとするのは〔略〕当然の事と云わねばならぬ」。したがって、小作組合は当然、小作人がこの共通の不利な状態から免れるため、小作条件の維持改善に努力すべき立場にあるとして、小作問題改善における小作組合の必要性を主張している。その上で、地主階級の多くが、小作組合を忌避する傾向にあることについて、それが地主階級の利益のためにも賢明ではないと批判し、むしろ、「地主は小作組合を利用せよ」と積極的に提言し、「小作条件の維持及改善と云うことは、本邦現在の小作事情に於て地主の欲せざると欲するとに拘らず、やむを得ざる理由あるものである。之が解決を地主小作相互に妥当ならしむる為には、〔略〕両々対峙的勢力を以て交渉するよりも、むしろ、小作人階級の共同の利益を基礎として、統制されたる要求に応じて交渉解決するを以て、将来の紛糾を可及的局限し得るものと思う」として、小作組合の小作紛争解決に関する有用性を強調している。と同時に、「小作組合と総ての小作関係を進んで相協議し、その組合の勢力を牽制する必要があるならば、公共機関として最密接なる関係を有する其地方の農会を仲介機関として、組合と地主との緩衝地帯とすべきである」と具体的な提言を行い、そのためには、従来の地方の農会の「小作組合無視、関係拒絶の態度」を改めて、農会が、積極的に小作組合を指導するとともに、小作組合の信頼を得て連絡提携を密にすべきであるとして、農会の小作問題改善に対する消極的で守旧的な姿勢を批判しつつも、その改善を訴えて、両者にエールを送っている。

2　階級闘争より協調路線

横山は、昭和二年四月、『県農会報』三五四号に「農業協調委員制度の作用」（同号一～五頁）と題する横山の協調組合論ともいうべき見解を発表している。

この小論において、横山は、地主、小作人の関係（小作問題）の妥当な解決のためには、「双方の協議に依って双方の事情を諒解し合い、双方の主張を尊敬し合う、対等の立場に於て事を定めることが出来るならば、小作制度の改善〔の道がある〕。地主小作の協調ということは、この双方の理解と敬愛に基く互譲妥協でなければならぬ。地主を尊敬しろ、然らば小作を愛撫しよう、之は協調ではない〔略〕。協調の正道は、相互の人格の尊敬でなければならぬ」として、旧来の地主的温情主義を排斥して、協調主義に基づく「相互の人格の敬愛に基礎を置き、対等の位置に於て研究協議して決定する協調組合」によることを提言するとともに、小作問題の公正な解決のためには、小作組合員の強固な団結と行動の統制が必要であると指摘し、その場合、「階級の闘争手段に依りて自己階級の発展を策する日本農民組合や大日本地主協会の立場をとらず、〔一路協調の道を進む〕他に良策はない」として、小作問題の解決は、階級闘争路線ではなく、当事者の地主側と小作人側が自主的かつ対等の立場で、互譲妥協の協調路線によることを強く主張している。

そして、その具体的事例として、静岡県富士郡岩松村農会が、同村小作組合と関係地主間に発生した小作料率軽減をめぐる長期かつ困難な小作争議を、最終的に円満解決したことを教訓として「農業協調委員会」（委員長・同村農会長、地主側委員、小作側委員各九名、特別(中立)委員六名）を設置し、同委員会により、同村における小作問題(争議)の予防と適正迅速な解決および地主、小作相互の親善・利益を図るため、先進的な委員会制度を創設したことを高く評価したうえ、同委員会の今後の活躍に強い期待を表明している。

3　協調主義のすすめ

㈠　農林省は、昭和二年三月、小作法草案を公表している。横山は、これを受ける形で、同年一〇月および一一月、『県農会報』三六〇号、三六一号に「小作地引上に関する争と小作法草案の示す処」と題する小論を発表している。

この小論において、横山は、小作地引上げに関する地主、小作人間の争いが、最近著しい増加傾向にあるとの現状認識の下に「小作地引上は、〔略〕小作地を失う小作人〔が〕、その為に今までより一層多くの生活苦に当面すること、都市労働者が失業に依る生活不安に比すべき状況である」（三六〇号二頁）との視点から、小作官として関与した小作地引上げの具体的事例を中心に、小作地引上げの原因と問題点およびその具体的解決策について、つぎの通り、小作地引上げに関する開明的見解を展開している。

横山は、「小作地の経営を決定する有力なる事情は、その小作人の家族の労働力と小作人の生活様式が維持し得る為に必要なる面積とである。併しながら、土地を投資物とし、利益を生ずる資源として考え所有する地主にありては、他に有利なる投資物を見出し、或は生活費用の不足を補う為に、再びその土地を売却せんとする機会に屡々《しばしば》遭遇するであろう。小作地引上はかくの如き事由の下に盛に起るのである」として、その原因を指摘している。

そして、小作地引上げに関する紛争の発生を予防し、また、発生した紛争の公正な解決を図るための具体策として、従来の指導理念である「地主小作の主従的観念に基づく平和、無問題」を理想とする強者の片面的な温情主義ではなく、地主、小作人の相互の人格敬愛に基づく協調的な新しい小作関係の構築を目的とする「協調主義を小作地引上に関する争いに対して用いること」（三六一号二頁）を提案している。

また、「引上げられる小作人の苦痛がどうして減少されるか、ということが、事件を解決するのに最緊要である」として、小作人の生活基盤である小作地を引上げる以上、地主は相当の代償を支払う必要があり、この代償支払の有無が、地主の協調性を判断するメルクマールになるとする。

その上で、最近の円満解決した小作地引上げ事例の多くは、地主の小作人に対する相当の賠償支払が必要とされているとして、小作地引上げに関する新しい小作慣行の形成を積極的に是認すると同時に、「今後、小作地引上をなす場合には、必ず多少の賠償を伴うべきであり、それが穏健なる解決をするのに、最も妥当である」と主張している。

横山は、このような見解の正当性を、つぎのように前記小作法草案に求めている。

すなわち、草案が、小作地引上げの補償等について、作物買取請求権（一八条）、有益費償還請求権（一九条）、作離料支払（二三条、七五条）など相当の規定を設けていることに鑑みると、小作法制定前であっても、草案の趣旨を踏まえてこの問題に対処するのが相当であるとの観点から「草案第一五条は、小作人が背信の行為なき限り、地主に明に正当の理由があるのでなければ、小作地引上は出来ないことになって居るのであるから、今日の地主が当然のことゝ考えて居る小作地引上が甚しく当然でない事となって来るのである」として、地主が小作地を引上げる場合には、それに伴う小作人の苦痛を緩和するため、相当の賠償を支払う必要があるとする。

また、このような小作人保護の「社会の意識が、この草案の中に窺われるということ〔は〕、その社会の意識に反する行動は抑制され〔略〕相当の節制を必要とする」ことになるとして、「地主は自己に所有権あるが故を以て、その土地の耕作を生活の基礎の一部とする小作人に対し、濫《みだり》にその土地の引上をなすべきではない。引上げねばならぬ事情の起る場合、〔略〕その土地の小作に付せられたる従来の種々の因縁に応じて、夫々相当の賠償を以てして、始めて自己の所有の土地を自由に処分し得る、裸地となるべきである」と主張し、地主側がこのような考えに立てば、小作地引上げに関する紛争は円満に解決し得るとして、地主側の意識改革を強く促している。

さらに、横山は、地主の小作地売買に伴う小作地引上げに関する紛争についても、草案が、その予防策として、小作人への事前通知義務を定めていることを踏まえて、「小作地引上の争の解決を円満ならしむる方法が、小作人の苦痛を具体的に緩和することにあるとすれば、地主の土地売買は予め小作人に通知されるのが相当である。小作法草案も亦その第六条第七条に、地主の義務として之を明記して居るのである。農村に理解ある地主と云われる人々は、少なくとも、かくの如き小作慣習を無言の内に作り出す用意が必要であろう」として、地主側の自覚を促し、地主側が、小作法制定を待つまでもなく、草案の精神に沿って新しい小作慣行を創出するため努力することが必要である旨主張している。また、静岡県における小作地引上げおよび小作地売買に伴う紛争に関する小作調停の結果も、草案が指し示すような小作人保護の方向に進んでいるとして、小作紛争の予防および解決のために地主側の一層の自制を求めている。

(二)　横山は、小作地引上げに関する地主側のさらなる意識改革を求めて、昭和四年(一九二九年)一二月、『県農会報』三八六号に「地主の都合で引上げる小作地」と題する小論を発表している。

この小論において、横山は、「自分の都合という理由に依って、何時でも小作地を引上げることの出来るのが当然」とする地主側の一般的な考え方について、疑問を呈したうえ、「地主の都合で引上げられた小作地の小作人は、地主の知識と威風とに恐れ、法律上の無権利者として、地主から教えられたその知識は、自分の権利を守るには適当な知識ではないにも拘らず、自分を強くすることに無知であった結果、涙を呑んで日夕愛惜した美田を離れ、怨みを抱いて永年丹精の良圃を去って行ったのではないか」、しかも、地主の小作地引上げ自体が、真にやむを得ざる事情（都合）に依るよりは、むしろ地主の「法律的観念からの勝手わがまゝ、乃至は小作地の利益採算を中心とする考えに依って、より多く頻繁に行われる様になって来た〔略〕のではないか」として、従来の地主側主導のいわゆる地主的温情主義の実態（非温情性）を鋭く指摘している。その上で、小作人が、地主の一方的な小作地引上げに対して、自力で抗争するのは当然のことであるとの認識の下に、「農業が今ある如く土地の狭少に苦しむ間、法律が若干の制限を、小作地に関して小作人の保護の為に置く時までは、この抗争は、小作人にやむを得ざる必要であろう」とまで断じて、小作人保護の小作法が制定されるまでの緊急避難的な行動として、これを是認する姿勢を示している。

4　土地を愛する心

横山は、昭和七年（一九三二年）七月、『県農会報』四一五号に「静岡県に於ける小作問題の解説」と題する小論を発表しているが、これは横山の小作関係論の原点を示すものである。

この小論において、横山は、小作問題改善のキーポイントは、地主と小作人との人間関係自体の改善にあるとの観点から、その精神的契機（モメント）として、従来の片面・独善的な温情主義に代えて、新たに「土地を愛する心」というキーワードをもって、互恵・協調的な「地主・小作人協力一致の原理」を説いている。

すなわち、「農業に於ける土地は、生物として取扱われねばならぬ。之は土壌学の教える所である。生物の管理はその管理者の心に従う〔中略〕。土地を生かすの技術、また然りである。〔略〕土地改良の本義は、土地生産力の維持増進であり、その技術を施すと否とは、土地を管理使用する農家の心次第である。土地を愛する心は、土壌の生命を全くせしめる。この土地を愛する心は、農業の収利全きを得る場合に発揮される。土地改良の技術的効果を全うする農家は、土地を愛する心あるが故である。土地を愛する心を持つ所以は、その土地の生産力が自己の農業収利の目的を満足せしむる場合に限る」。したがって、「地主が小作人にその小作地を愛することを教えんとするならば、一片の学理、技術を説くをやめよ。己の土地を愛する心を遺憾なく発揮せしむる道は、地主がその改良されたる小作地のその尊重すべき生命を、小作人の心の賜物として、感謝し報恩し、苟も小作人の土地に対するまことの心を汚さざることに努めよ。〔略〕地主が小作地を引上げんとする時、小作人が地主に〔丹精料、作り料、涙金等を〕要求する唯一つの道理は、この小作人の土地に対するまことの心の効果が、今自分の手から失れんとする失望を、地主に倚って防がんとする努力の表現である。小作人が土地を愛する心が、土地の経済効果となって農業の収利をもたらすのである。対価なくして、この心の効果を奪うは道ではない」として、「土地を愛する心」の大切さを強調したうえ、「地主と小作人とが相互に農村に生活する最適の生活様式は、地主と小作人との相互の信用に於ての協力一致から生ずるものである」と述べて、「地主・小作人協力一致の原理」を提唱し、これが地主・小作人関係のあるべき理想の姿であると力説している。

なお、横山のこの農地に対する認識の精神性を重視する「農地愛情論」ともいうべきユニークな土地観は、一六年後の一九四八年(昭和二三年)、環境倫理学(土地・環境と人間との関わり方を倫理的に考究する学問)の提唱者ウィスコンシン大学教授A・レオポルド(一八八七～一九四八年)が、共同体的発想に基づいて、土地を単に経済的な利用の対象(商品)として支配、搾取するのではなく、愛情の対象として尊敬の念をもって接することの大切さを力説し、それが人間の土地(地球環境)に対する倫理的義務であるとして、「土地倫理」(ランド・エシック)を提唱したその土地観と、土地に対する愛情を強調する点で、基本的に相通じるものがある(A・レオポルド、新島義昭訳『野生のうたが聞こえる』講談社学術文庫、一九九七年、参照)。

また、司馬遼太郎(大正一二年～平成八年)が、この国への遺書ともいえる「日本に明日をつくるために」において、バブルの時代に日本経済とくに金融界が土地投機に狂奔する事態を、立法府、行政府そして国民も阻止できなかったことを慨嘆し、持論の土地公有論を踏まえて、「日本の国土は、国民が拠って立ってきた地面なのである。その地面を投機の対象として物狂いするなどは、経済であるよりも、倫理の問題であるに相違ない」と痛憤し、日本国民がこのことを痛みをもって自省しない限り、「日本国の明日はない」と断言するその土地観は、土地に対する倫理性を強調する点で、横山の土地観と基本的に共鳴し合うところがある(司馬遼太郎『風塵抄二』中央公論社、一九九六年、参照)。

このように、横山の主張する「土地を愛する心」は、主題こそ環境や土地投機とは異なる小作問題ではあるが、人間の土地に対する認識の精神性という現代的課題に関して、当時すでにその重要性を示唆しているのである。その意味において、横山の農政実務家としての開明性(先進性)については、今日的視点に立って、再評価することが必要であると思われる。

5 訴訟より小作調停

横山は、昭和七年(一九三二年)一二月、『県農会報』四二〇号に「小作調停法は如何に利用さるべきか」と題する小論を発表している。この小論は、前記第二章、二の「横山の小作調停論」が理論編とすれば、実務編ないし実践的小作調停論ともいうべきものである。

この小論において、横山は、小作調停法施行後約八年間にわたる小作官としての実務経験を踏まえて、地主側がいまだに小作調停法の基本的精神である当事者の妥協互譲に基づく協調主義について無理解であることを批判して、つぎの通り述べている。

(一) 地主が、自己の土地所有権は無制限であるとの意識の下に、小作問題解決のためとくに設けられた小作調停制度の利用を回避して、民事訴訟を利用するいわば「訴訟第一の心理」は、現実の小作問題(紛争)の円満妥当な解決を困難にし、かえって深刻な小作争議の発生をもたらす恐れがあるとして、地主の小作問題に対する旧態依然とした態度を批判し、小作調停法下における地主の新たな自覚と意識改革を強く促している。そして、横山は、地主の「訴訟第一の心理」が、地主にとっても無駄で不利益な結果を招いている旨主張する。

すなわち、わずかな滞納小作料徴収のため、支払命令(現在は「支払督促」)の申立てや小作料請求訴訟を提起し、その権利保全として稲立毛等の仮差押命令を申立て、さらに小作契約の解除を理由に小作地返還訴訟を提起し、その権利保全のためと称して、土地占有移転禁止仮処分や土地立入禁止仮処分(以下「立禁仮処分」と略称)命令を申立てるのが、小作問題の法的対策の常道のように考えている地主の姿勢に対して、横山は、小作人が小作調停を申立てれば、小作調停が終了するまでは、当該訴訟手続は中止されることになる(小作調停法第九条、以下「法〇条」と略称)と指摘して、国は、小作問題に関する紛争について、民事訴訟による裁判所の公権的判断(解決)を求める前に、まず小作調停による当事者の合意に基づく平和的な解決を期待しているから、地主側は結果的に無駄な手数と費用をかけていることになると主張する。さらに、小作地引上げに関する土地明渡訴訟の提起についても、「土地を引上げなくても、相当な小作料額を、経済事情に応じて更正することに依って、地主小作人は農村に相寄って生活する道を見出し得べきものではないか。当事者の一方が調停を求めた場合、相手方が地主であっても小作人であっても、この調停に依って公正なる意見を参酌して、自分達の利益の保持と農村の平和を築く為の譲歩とを如何なる点に定むるか、調停委員会は真に適当なる機会を、当事者に与えて呉れて居るのではないか。然るに、吾人は、調停を求めない、小作人が勝手な要求をして、地主の権利を傷けんとするのに対しては、訴訟に依って正当なる権利を主張するのが当然である。如何に調停委員会が小作人に代って吾人に譲歩を求めようとも、地主はそういう問題を考えることを必要としない。訴訟に依って事を決すればよいのだから、調停はやめてほしい、いややめるべきだ。という主張が繰返される」として、地主の「訴訟第一の心理」を批判している。そして、このような地主のいわば訴訟第一主義の態度は、当面する小作問題改善(解決)のためには不適切であるとする。その上で、このような地主によってこそ小作調停は利用されるべきであり、それが結局、小作争議に伴う地主の無駄な損失を回避することにもなると、地主側に忠告している。

(二)　横山は、立禁仮処分命令申立てについても、小作争議の報道記事等で立禁仮処分の発令がよく報じられるが、実際には簡単に発令されるものではなく、静岡県においても、近年、立禁仮処分命令が発令された事例は一件もないとしている。

その上で、小作地引上げに伴う小作争議において、通常発令される仮処分は、小作人が小作地の占有名義を他人名義に変更することを禁止したうえ、小作地の占有は執達吏(現在は「執行官」と改称、以下「執行官」という)の占有に一旦移すが、小作人は小作地を従前どおり継続して使用(耕作)できるとする内容(いわゆる「執行官保管・債務者使用許可」)の土地占有移転禁止仮処分命令が発令されるに止まり、それ以上に債務者(小作人)の小作地への立入りを禁止するいわゆる立禁仮処分命令が発令されるのは稀であることを強調する。そして、地主側がこの事実を軽視し、原則的に「仮処分即立禁仮処分」であるかのように勝手に解釈して、安易に立禁仮処分を申立てるため、法的に無知な小作人の恐怖心をあおる結果になっていると非難している。

さらに、このような地主の不当な立禁仮処分の申立てあるいは被害甚大な収穫前の稲立毛の仮差押申立てに対抗し、これを予防するためには、地主側の右保全処分申立前に、小作人側が小作調停の申立てをするのが小作人にとって最も簡易で有効な法的対抗措置であるとして、地主側の不当な立禁仮処分等に対する具体的な法的対策を小作人側に教示している。

横山のこの見解は、法九条所定の「訴訟手続」に保全処分手続が含まれるかという法解釈上の問題はあるが、小作紛争解決の実践的手法の一つとして考慮に値するものといえる。

ところで、横山が、ここで問題にしている占有移転禁止仮処分は、目的物を執行官の保管(占有)に移したうえ、目的物の占有状態および占有者を恒定し、これにより将来の民事訴訟(本案)における目的物の給付判決による強制執行を保全するために行われる仮処分であり、目的物の処分(所有権の移転等)を禁止する処分禁止仮処分とともに、いわゆる「係争物に関する仮処分」に属して、「当事者恒定の仮処分」ともいわれている。

具体的に、小作契約の場合を例にとれば、地主が土地所有権に基づいて、小作人に対し、小作契約終了を理由に小作地の返還(明渡)を請求する場合、当該小作地の占有者が現小作人から第三者に移転すると、将来、地主が民事訴訟(本案)において、小作人に対する小作地明渡請求等が認容されて勝訴判決(確定)を得ても、判決上の被告(占有者)と現実の占有者が異なるため、その後の土地明渡等の強制執行が不能ないし困難になることを防止する目的で、被告(現小作人)が当該小作地の占有および占有名義を第三者に移転ないし変更することを禁止して、訴訟当事者を固定する(これを「当事者恒定」という)ためになされる仮処分である。

このように占有移転禁止仮処分は、当事者恒定が主目的であるから、その命令主文は、原則として債務者（現占有者）の継続的使用（耕作）を許可する形式すなわち「執行官保管・債務者使用許可」を内容とするのが通例である。したがって、前記横山の占有移転禁止仮処分の運用実態に関する言及は、現在の民事保全理論および保全実務からみても適切なものである。また、占有移転禁止仮処分の法的効力について、「執行官保管」の面のみが強調されて、「債務者（小作人）使用許可」の面が軽視されているとする指摘も正当である。

また、立禁仮処分は、建物建築工事禁止仮処分等とともに、不作為を命ずる仮処分といわれている。この仮処分は、たとえば、債務者（小作人）が、実力で小作地の用法ないし形質を著しく損なうような行為をしまたはその恐れがあるなど、これを放置すれば、将来、地主が民事訴訟（本案）において小作人に対する小作地明渡等の勝訴判決（確定）を得ても、その後の小作地明渡等の強制執行が著しく困難または無益になる恐れがある場合に、その保全のため、前記占有移転禁止仮処分を事実上補完する形で例外的になされる仮処分である。この仮処分の発令により、債務者（小作人）は、当該小作地に立入ることができず、その使用が全面的に禁止されるため、重大な影響（不利益）を被ることになるから、その発令は当然慎重に行われることになる。

このように立禁仮処分の発令は、理論的にも実務的にも、極めて例外的かつ限定的な場合に発令されるものであるから、横山が指摘する通り「仮処分即立禁仮処分」ということは本来あり得ないことである。したがって、もし地主がそのように解釈していたとすれば、それはまったくの誤解であるばかりでなく、横山のいうとおり地主側の「為にする宣伝」であるといってもよいであろう。

また、それを結果的に助長していた一部の立禁仮処分の安易な発令に対する横山の厳しい批判も正当なものといえる。

第三章　開明的農政実務家・横山の実相

一　法律誌における開明的意見の公表

昭和七年(一九三二年)三月、『法律時報』(日本評論社発行)四巻三号誌上に、同社が前年一二月に全国地方小作官および小作調停担当裁判官を対象に実施した「小作法案其の他に関する質問書」による調査結果を発表している(同号三一～五八頁)。横山は、質問事項全般にわたり積極的に回答し、つぎに例示するような開明的な意見を法律専門誌に公表している(「　」内の平仮名化は筆者による。以下、四まで同じ)。なお、横山は、回答者名を匿名にすることをとくに希望し、ペンネームの「蓬雨」とのみ表記して、愚直なまでに公私を峻別する姿勢を示している。

①　質問事項の「小作調停の規準法規(例・小作法)制定の必要性」に関して、手続法の小作調停法施行後八年にして、なお実体法の小作法制定の見込みがないという変則的な状態が長期に継続しているため、小作調停の運用が混乱傾向にあると問題提起をしたうえ、「調停法制定当時は調停事

務そのものが新しいので、調停を受ける当事者に新なる手続そのものに相当の威圧を感じた点もあろうと思います。〔略〕今は地主はその手続に馴れて調停を極簡単に扱って、本来権利あるべき筈の訴訟手続を進行することが有利でもあるし、調停に応ずる場合もその立場を自己の採算に充分加えていきますから社会的妥当性に欠ける虞ある調停条件が成立して来る傾向があります」として、地主側の所有権絶対の思想と小作調停回避の態度が、小作調停の正常な運用を歪めて、小作人に不当な結果をもたらしていることを厳しく指摘している。

②　質問事項の「既存の小作調停事例の集約化による小作立法の可否」に関して、小作官としての実務経験を踏まえて、小作調停の現状は、「調停が歪むという様な事態に立到って居ると思います。従ってかくの如き状態に立到って居る事情の地方の調停事例という様なものは小作法制定の参考資料としては有害なるものとして除去されねばならぬと云う感想を持って居ります（蓬雨）」。また、「小作法制定が不可避なる現実的存在であることを予期しての調停事件は、或程度の小作法たり得る素質を具えて居りましょうが調停事件の数量的観察の結果が小作法の内容になることは、小作法本来の目的に現行法の過分の勢力を反映させる結果となります」として、このような不適切な調停事例群を安易に数量的に評価し、これを小作法の立法資料として無批判に利用することは、民法の所有権絶対法制下の従来の不公正な小作関係を事実上是認することになり、小作法立法の本来の目的である「小作人保護」に反する結果になる旨主張して、農商務省以来伝統の調査実証主義（特定の調査目的で収集した事実を数字化し、その大量観察的評価により、当該施策・立案の必要

性、有用性を実証する方法・主義）の限界とその形式的な運用についても暗に注意を促している。

③　質問事項の「小作法に規定されるべき事項、内容」に関して、まず立法者は、農業の繁栄が国家存立のために重要であること、農業なき土地、農民を伴わない土地は耕地としての土地価値は低いこと、小作法の精神は協調主義であり、地主と小作人の協力が農村繁栄の中心であること、小作権の安定が農業上絶対に必要であること等を念頭に置いて、立法にあたることが肝要であると主張し、その上で、「農業法」という用語をはじめて使用して「農業に一番大切な土地を対象とする農業法を欠く本邦農業の現状は〔略〕農家の経済力を発展せしめぬ根本的原因が、土地と共に生活する農民の実態に触れざる法律上の束縛が、農民に働きかけて居ることにもあることを、見逃さないで貰いたい」とし、農民の土地利用権（耕作権）を軽視、制限する民法を超えた視点から、農業の実態に則し、かつ、農業保護を主眼とする農業法制定の必要性を説いている。

④　質問事項の「土地返還争議の増加の原因と実例」に関して、静岡県の特殊な小作問題として、蜜柑園の小作争議を例示するなどして、つぎの通り回答している。

静岡県の蜜柑園小作地は、小作人が自ら開墾・造成したいわゆる「開墾小作」が多い。開墾小作の場合、小作期間については、当初、地主と小作人間の口頭による了解事項として、「イツマデモ作ラセル」とするのが通例である。しかし、その後一〇年、一五年経過すると、地主側の諸情況の変化（相続、地主変更、家産整理等）および数年来の農村の経済的不況に伴い、地主が、当初の口頭による契約内容の不明確・不完全さに便乗して、一方的に土地返還を要求する事例が多く発生しているとして、「蜜柑園を開墾して一五年乃至二〇年は、〔略〕小作人の投資時代であり園の造成時代でありります。小作人は之を一五年乃至二〇年後、三〇年でも四〇年でも将来の利益を目的に丹精しますが、地主が悲況に立至って、〔略〕裸山では坪一円にも売れぬ山が坪五円、六円の価格を呼ぶのですから、之を売ってと考えるのは自然です。〔略〕〔しかし〕申さばこの価値は、地主の土地の上に築きあげた小作人の努力と費用の合成分でありります」と、問題点を指摘している。その上で、この小作地の増加価値は、小作人の小作地に対する投資（土地改良、施肥、労務等）により生じたものであるから、本来、小作人に帰属する独立の財産とみるべきである。ところが、地主側は、土地所有者の当然享受し得る権利として、これを横取りする形で収得していると強く批判している。

さらに、近年この種の小作地返還事例が増加し、その結果、小作人は、その生活資源（基盤）である小作地が、地主により一方的に奪われる苦痛に耐えられず、地主に対し丹精料支払を要求することになり、それがさらに地主の反感を買うに至るという悪循環に陥り、両者の対立関係がますます激化しているとして、その現状を憂慮する意見を述べている。

なお、一般の農業における小作地の土地返還事例においては、主に地主側が小作人の小作料滞納や小作料永久減額要求等の対抗策として、また、小作地譲受人（新地主）が小作人に対する自作要求等の実現策として、小作地の明渡訴訟を提起することが多いとして、地主側の小作問題処理におけ る安易な訴訟重視の姿勢を問題視する一方、小作調停により処理された土地返還事例では、その多くが小作継続ないし小作人の小作地買取りという結果で終了しており、また、小作地を返還する場合でも、地主が作離料を支払う形で解決しているので、実際には小作人の耕作権保護という望ましい結果が大方得られているとして、小作調停利用のPRを兼ねて実情報告をしている。

以上のような、横山の広汎な開明的意見の展開をみるときは、小作調停の現場において、小作官としてプロ・小作農的視点から、小作争議の解決および新たな小作慣行の形成を目指して、小作問題改善のため積極的に尽力する開明的農政実務家横山の実相を、ここでもうかがい知ることができる。

二　小作官報告書にみる活躍

横山は、昭和九年(一九三四年)一一月頃、農林省農務局が各地方小作官に対し、土地返還争議のうちとくに困難を感じた事例および小作地引上げの結果、小作人がはなはだしく困惑に陥った事例について照会した件について、三事例(其の一ないし其の三)をあげて回答報告している(「小作地返還ニ関スル争議事件」農地制度資料集成編纂委員会『農地制度資料集成・補巻二』四三二〜四三四頁)。そこで、ここでは、最終的に調停成立に至ったつぎの「事例(其の一)」を、横山の小作地返還争議に関する姿勢を具体的に示す事例として、参考までに紹介する(なお、個人情報保護の趣旨から、氏名、住所等は仮名または一部省略する。以下、四まで同じ)。

横山は、「事例(其の一)」として、茶園小作地の返還争議に関して、①「返還要求ノ原因並ニ争議ノ経過」、②「返還後ノ小作人ノ生活状態」に分けて、つぎの通り報告している。

①　前地主Aは、小作人甲に賃貸中の小作地(茶園五反歩、以下「本件土地」と略称)を、第三者の乙に売渡して所有権移転登記を了した。その際、Aは乙に対し、A、甲間の本件土地の小作関係はAの責任において処理する旨の一札を入れていた。新地主乙は、右登記後ただちに、甲が本件土地に植栽した茶樹の一番茶を摘取した。そこで、昭和九年三月甲は、静岡地方裁判所に小作調停を申立てるとともに、自らも一番茶を摘取した。これに対し、乙は、甲の行為が窃盗にあたると強硬に抗議したため、小作調停は難航したが、結局、甲は本年度の一番茶ないし三番茶を摘取後乙に本件土地を引渡すこと、乙は本年度の小作料の支払を免除することで、同年六月調停が成立した。

横山は、このような小作地返還争議の原因として、地主側が土地買受人(新所有者)が所有権移転登記を了した場合、それにより土地の引渡しを受けたものとして、当然に小作関係を解消することができるとする考え方を固執する点にあるとしている。また、従来から小作土地売買に伴う土地返還争議においては、新所有者が土地所有権移転登記を了するまでは、小作人に土地売買の事実を秘したまま、右登記後ただちに耕作を強行する結果、小作人が泣寝入りとなる場合がはなはだ多いと厳しく指摘したうえ、このような小作地返還争議の不公正な処理実態の下で、小作調停とくに小作継続の合意成立を図ることは極めて困難である旨述懐している。さらに、横山は、小作調停についても、調停主任裁判官が、小作地を取得した新所有者が小作地について土地所有権移転登記を了しても、現実に小作地の引渡しがない以上、小作地の占有はいまだ新所有者に移転しないとする柔軟な見解に立つか否かによって、小作調停の難易度は著しく異なったものとなるとして、調停主任裁判官が小作問題に関する適正な理解とバランス感覚に基づいて、調停結果の妥当性を常に心掛けながら調停運営にあたることの重要性を暗に示唆している。

②　横山は、本件土地(茶園)返還後の小作人の生活状態について、「返還後、他に替るべき茶園の小作をなすことは現在に於ては不可能なるを以て右小作人の生活は明年に於ては生活方法を変更する準備は成らず、労力は余り、収入は減少し其の日暮しの労働を主とする農家の生活は、之等の事件により破壊せらるゝ主因となるを免れず」として、小作土地返還後の小作人の厳しい生活状態を報告している。その上で、横山は、現実の困難な小作問題の解決に関して有害無益な民法とこれを補完すべき小作法の未制定という小作農政および小作法制の不備の狭間にあって、いわばその犠牲となって困窮する小作人とその家族の厳しい現実について、ヒューマニストとしての優しい同情の眼差しを注ぎながら、その救済を充分に果たし得ない小作官としての無念の思いを込めて実情報告をしている。

三　大岡村種畜場調停事件における活躍

横山の小作調停事件における活躍を具体的に記録した公的原資料ともいうべき、当時の小作調停の事件記録は、所轄庁の静岡地方裁判所にはすでに保存されておらず(平成一三年一一月八日付け同庁事務局総務課回答書）、また、横山自身の小作調停に関する手控・メモ類等の私的原資料も昭和二〇年（一九四五年）六月の静岡大空襲ですべて焼失したため横山家にはまったく残存していない（長男・横山芳男氏の談）。ただ、原資料に最も近い現存資料としては農林省農務局『宮城・東京控訴院管内特別保存小作争議調停事件関係資料』所収の沼津市駿東郡大岡村事件（同資料㈠、㈡）および静岡県富士郡伝法村事件（同資料㈣）がある。そこで、横山の小作調停に対する具体的な関与および意見が比較的詳しく記載されている前者の事件（以下「大岡村事件」と略称）の調停事例をつぎに紹介する。

〈事案の概要〉

昭和二年（一九二七年）四月、沼津市駿東郡大岡村に静岡県立種畜場（以下「種畜場」と略称）を設置することが内定した。その予定敷地（約三町歩）は、当時、地主五名の各所有で、小作人七名が各耕作していた。ところが、右予定敷地は、静岡県沼津市駿東郡畜産組合（以下「畜産組合」と略称）が、種畜場に貸与する目的で、地主らから一旦買受けることになっていた。しかも、その際、地主らと畜産組合との間で、小作人らの小作地引上げに関しては、畜産組合の責任において一切処理する旨の特約がなされていた。

そこで、小作人らは、種畜場設置に伴い小作地が取上げられることは、小作人らの死活問題であるとして、当初は、種畜場の設置位置の変更を静岡県および地主側に陳情したが容れられなかった。ついで、小作人らは、地主らが反当り三〇〇円の補償金（作離料）を支払うことを条件に各小作地を返還する旨の妥協案をもって地主側と交渉した。しかし、地主側は、畜産組合との前記特約を理由に、本件の交渉相手になること自体を拒否した。

昭和三年五月九日畜産組合が小作人らに対し、各小作地の明渡を要求する書面を送付したことから、同月一一日小作人らは、地主らを相手方として、静岡地方裁判所沼津支部に小作調停を申立てた(同庁昭和三年(小調)第一号・小作地取上ニ対スル補償事件、以下「第一号事件」と略称)。

小作人らの調停申立における要求事項は、つぎのようなものであった。

① 小作地明渡に際し、反当り三〇〇円の耕作権補償をすること

② 現存作毛の収穫前に小作地を取上げる場合は、当年の全収穫高相当の評価額をもって立毛補償をすること

③ 昭和二年度は、旱害のため、全収穫をもってしても、肥料代、種子代にも不足する状態なので、小作料を全部免除すること

一方、畜産組合は、同年七月二日、地主側との前記特約を理由に、前記種畜場予定敷地のうち建物建設用地部分(田三反二畝)に該当する小作地の小作人三名を相手方として、小作地取上げによる補償金を一反歩当り金五〇円と定めるべき旨の小作調停を同支部に申立てた(同庁同年(小調)第二号・小作地取上ニ対スル補償事件、以下「第二号事件」と略称)。

第一号事件および第二号事件は、関連事件として事実上併合の形で同時進行し、四回にわたり調停が実施された結果、当初は解決困難かつ長期化が予想された大岡村事件は、小作官横山らの積極

的かつ適切な当事者の説得、調整活動もあって三ヵ月余の短期間で当事者間の合意をみるに至った。

しかし、調停成立直前になって、畜産組合の当事者適格について問題が生じたことから、応急措置として、右合意を前提に当事者間で調停外の和解契約が成立した形式をとって、本件小作調停事件の最終的処理を図ることになった。同年八月三〇日、横山らの最終的な調整の結果、当事者間において、つぎのような内容を骨子とする調停外の和解契約が成立した。そこで、大岡村事件の小作争議は円満解決したものとして、本件小作調停事件は、取下げにより終了するに至った。

① 畜産組合は、小作人らに対し、本件各小作地の明渡の補償金として、一反歩当り金一〇三円八銭を支払う。

② 畜産組合は、種畜場予定敷地のうち建物建設用地該当部分の小作地については、何時でも当該小作人らに対し、明渡を求めることができる。

③ 小作人らは、前記②以外の各小作地を、同年一〇月二〇日までに、小作地上の耕作物を収穫して明渡す。

〈「小作官記述」〉

横山は、大岡村事件に関する本件小作調停事件について、静岡県知事の農林省農務局長あての昭和三年(一九二八年)九月二二日付け「小作調停事件結果報告書」において、とくに「小作官記述」として、「本件争議並調停経過」と題する詳細かつ長文の報告書(同資料㈡・一一枚目表〜一八枚目表)を提出している(口絵参照)。

この「小作官記述」は、横山の名前は明記されていないが、横山がその作成に直接関与していることは、当時、静岡県地方小作官は横山のみであったことからも明らかである。

なお、この「小作官記述」は、横山がいわば生の小作調停事件について具体的に記述した公的な書面としては、現存する唯一のものであるうえ、小作官横山の小作調停現場における活躍を具体的に知り得る数少ない資料でもある。そこで、つぎに筆者の意見を適宜付加して少し詳細に紹介する。

横山は、本件係争地の大岡村T区域は、沼津市近郊の水田地帯であり、全戸数約三〇戸の半数が農家でその大部分が小作農家であるうえ、耕地面積が約二五町歩（二四万七九二五平方メートル）に過ぎないという状況下において、本件種畜場設置のために、その一二％にあたる約三町歩（二万九七五一平方メートル）の耕地を失うことになり、その場合、「関係小作人の内には七反歩（六九三七平方メートル）の経営地の内、五反歩（四九五五平方メートル）を失い他に換地なきを以て殆んど失業する者ある状況なり」（同資料(二)・一一枚目裏）として、本件種畜場設置が小作人側に対して重大な影響を及ぼすことを指摘している。

また、地元の畜産組合が、地主との間で、本件種畜場用地を静岡県に無償提供することを条件にして取得する旨の特約を結ぶ一方、地主自身は土地引上げ等をめぐる小作人側との直接交渉を回避するため、小作人側との交渉は買主の畜産組合がすべて引受ける旨の特約を結び、「小作人が地主に対し敷地に対する補償其の他の条件に付交渉なさんと訪問するも敢て聞知せざる態度にて経過し来りたる為め小作人は概して反感生じ居りたるも現実に土地引渡の要求を提出したるは昭和二年度夏頃にして」として、地主、畜産組合および県の三者が、いずれも肝心の小作人の農業者かつ土地利用者としての地位を軽視し、しかも、小作人を除外して秘密裡に話合いを進めたことについて、その不公正で不誠実な姿勢と小作争議の予防、回避に向けた対応の遅さを暗に批判している。

また、畜産組合の小作人に対する具体的な示談交渉についても、「畜産組合は涙金として小作人に対し反一五円位を提供すべき旨を示し漸次其の額を高め昭和二年春に〔は〕反当り六〇円位〔小作料二年分〕の別れ金を支出〔して〕小作人と示談をなすべく交渉し来りたるも、小作人の畜産組合に対する感情は漸次対抗的になり〔略〕反対の気勢を挙ぐる為め全国農民組合T支部争議委員会の名称の下に地主、畜産組合の不誠意を〔略〕宣伝〔し〕、世間に種畜場小作問題の紛糾を聞知せしむるに至〔った〕」として、地主側の和解提示額を小刻みに増加する等の姑息な手法を用いたことがかえって、小作人側の反発を招いて事態を悪化させたこと、また、小作調停の活用による小作争議の早期解決を考慮せず無定見に畜産組合自身により問題解決が可能と軽々に判断したこと、さらに一年余を徒過した昭和三年五月に至って、突然、小作人側に小作地明渡請求書を一方的に送付するという高圧的態度に出たことなどから、小作人が本件小作調停申立てを余儀なくされるに至ったものであるとして、このような畜産組合の姿勢を批判している。一方、小作人側については、地主側が畜産組合に対し、時価・坪当り二円足らずの小作地を、その二倍以上の価格〔四円五〇銭〕で売却して過大な利益を得ているにもかかわらず、「数十年来の小作人に対し何等の挨拶もなさず情誼なき態度を遺憾とすると共に、畜産組合の補償を受くるは小作人の負担を結局重からしむるものにして且つ畜産組合と交渉をなす筋合に非ざる故、地主との間に解決を求めたる旨を裁判所に出頭の際述べたり」(同資料(二)・一二枚目裏)として、本件小作調停の場において、小作人側が、地主側の不誠実な態度を非難し、その真情を吐露した事実をとくに記述して、小作人側の立場に理解を示している。

〈ドキュメント・大岡村小作調停〉

昭和三年六月一八日、第一回調停期日が開かれた。

小作人側は、地主、小作人間の小作契約に無関係な畜産組合が、地主に代わって、直接小作人に対し、小作地の引渡を要求する理由はないとして、地主を相手方として本件調停を申立てたため、小作調停委員会は、畜産組合を利害関係人として出席させて、調停を実施した。当日、地主、畜産組合間で売買契約が締結されている小作地は、本件係争地の約二五%に過ぎないのに、畜産組合がこの事実を秘して本件係争地の全小作人に対し、小作地明渡請求書を送付していたことが判明したことから、小作人側は、地主および畜産組合の信義に反する態度をあらためて抗議した。そのため、当日は、本件係争地の右売買契約に関する事実の確定作業は留保したうえ、小作人側が主張する、①凶作による昭和二年度小作料全免の件および②将来、小作地引渡の場合の作毛補償の件に限って話合った結果、①については地主側において了承するとともに、②については横山小作官の定める額で双方異議がない旨の合意が成立した。

なお、②については、とくに調停主任裁判官から、畜産組合側案の反当り六〇円は過小であり、小作人側案の反当り三〇〇円は過大であるとして、次回期日までに双方とも再検討すべき旨勧告がなされた。

同年七月二日、第二回調停期日が開かれた。

当日、小作人側は、前回提案の補償金三〇〇円を、地主が代替地提供について配慮することを条件に二〇〇円に減額する旨再提案したが、地主側がこれを拒否したため、当事者間の話合いは進展しなかった。しかし、同日、畜産組合が、前記第二号事件の小作調停を申立てる一方、小作人側もそれまで差控えていた稲苗の植付を本件種畜場建物用地部分において実行したため、畜産組合は小作人側に対し、土地明渡催告書を送付したが、小作人側はただちにこれを拒否したことから、事態は急変して緊迫した状況になった。

同年七月一六日、第三回調停期日が開かれた。

当事者双方から前記事態に即応する形で小作調停委員会の早期開催の申出があったことから、第三回期日は、いわゆる現地調停方式で裁判所外の沼津市自治館(以下「市自治館」と略称)において実施され、調停主任裁判官および横山小作官による本件小作争議および小作調停に関する経過報告、当事者の意見の聴取、調停委員の協議等が行われた。その結果、調停委員会としては、本件小作争議の早期解決のため、法一一条所定の勧解《かんかい》制度を活用することとして、勧解者を二名選任したうえ、早速、同月二二日には現地において、当事者とくに小作人側に対して、妥協による本件小作争議の円満解決を試み、その結果を踏まえて小作調停の進行を図ることになった。

勧解当日、小作人側は、以前、勧解者Aの仲裁で円満解決した同地域の製紙会社工場敷地買収事例における小作補償額が反当り一五〇円であったとして、これと同額程度であれば、小作地返還に応諾する意思がある旨申出た。しかし、勧解者Aは、右事例における補償額は大体一〇〇円であった旨説明したうえ、小作人側の再考を求めて、小作官横山と協同して小作人側の説得を行った。

ここで、勧解制度について簡単に説明すると、勧解は和解と実質的に同義である。勧解制度は、江戸時代の民事裁判において原則とされた内済《ないさい》制度（奉行（裁判所）の出入筋（裁判手続）に第三者（扱人《あつかいにん》）が関与し、争訟当事者を説得して、当事者同士の話合いによる紛争解決を図る一種の和解制度）の伝統を受継いで、明治政府が、内済と同様の目的で「凡民事ニ係ル詞訟ハ金額ノ多少事ノ軽重ニカカワラス詞訟人ノ情願ニ任セ支庁ニ於テ勧解スヘシ」（明治八年（一八七五年）九月八日司法省布達東京裁判所支庁管轄区分並取扱仮規則第六条）として、裁判所において当事者に和解を勧奨するため、とくに設けた民事訴訟に関する制度の一つである（小山昇『民事調停法（新版）』四～一二頁参照）。その後、民事訴訟法（明治二三年（一八九〇年）法律第二九号、同二四年一月一日施行）により、訴訟提起前を含めて裁判所による和解制度が設けられたことから、これに発展吸収される形で廃止された。なお、小作調停法は、この勧解制度を特別に復活させた点で、法制史的にも注目すべき立法であるといえる。

本件小作調停は、この勧解制度が有効、適切に活用された事例である。すなわち、本件小作調停は、小作争議の規模、内容および原因等に照らすと、一般的には難件の部類に属し、事件処理の困難性、長期化が当然予想される事例である。しかし、それが早期かつ円満に解決されるに至ったのは、当地域住民に有識者として信望のある勧解者Aと小作官横山らの小作争議解決に向けた積極的姿勢と豊富な経験に基づく優れた説得力・調整能力に負うところが大きい。また、小作調停委員会も、現在、調停運営の新手法の一つとされている「期日間調整」に類する独自の手順を、当時積極的に採り入れる等の工夫をして、各調停期日間を事実上の空白期間とすることなく、その間（調停期日外）に勧解者と小作官の連携、協同による調整活動を実施し、これにより調停事件処理の継続性を保持しながら、本件小作調停の実質的な進展を図るというユニークな調停手法を編み出して、これに成功している。この点において、本件小作調停は、小作調停法がとくに地方小作官制度を創設し、勧解制度を復活導入した趣旨・目的を見事に実現した好例として、特筆に値するものといえる。

同年七月二五日、第四回調停期日が開かれた。

当日、勧解者から、小作人側は、本件係争地全部について、相当の補償額の支払いがあれば、ただちに小作地を明渡す意思があり、勧解者も同意見である旨報告があった。また、畜産組合からも、本件係争地全部について相当の補償額による一括処理を希望する旨の申出があった。そこで、勧解者は、横山小作官と連絡のうえ、小作人側に対し、話合いによる紛争解決を重ねて説得した結果、小作人側が調停条件を勧解者に一任する旨の回答をしたことから、横山小作官において勧解者の報告を基に調停案を作成することになった。

同年八月二三日、横山は、市自治館において調停委員と協議のうえ、大要つぎのような調停草案骨子(同資料(二)・一五枚目裏〜一六枚目裏)を作成した。

一、畜産組合は、本件種畜場敷地内の小作地を引上げる場合、小作人に対し、補償金として反当り一〇三円八銭を支払うこと(筆者注・小作人の二年分収益相当額(算式、玄米三石相当×米価一石・三四円三六銭))

二、小作人は、畜産組合に対し、昭和三年度稲作収穫後、ただちに小作地を引渡すこと

三、畜産組合および地主は、小作人に対し、昭和三年度の小作料を請求しないこと、また昭和三年度前の滞納小作料は全額を免除すること

四、畜産組合は、静岡県に対し、本件係争地区域の小作人について、本件種畜場事業に関して便益を与えるよう申出ること(筆者注・本件種畜場事業関連の就業機会提供等の意)

五、畜産組合は、小作人に対し、見舞金(筆者注・二二五〇円)を支払うこと

横山は、本件小作調停事件の早期調停成立を期して、右骨子による調停草案をもって、本件種畜場設置をめぐる小作争議(大岡村事件)の全面的解決を目指すことになった。

ところで、横山は右八月二三日の時点で、「調停成立ヲ急グ事情アルヲ以テ」として、本件種畜場設置争議事件の早期解決を強く意識していたことが認められる。その意図するところは、単にこの種小作争議の早期解決という一般的な理由ないし当事者の早期調停開催の要望というに止まらず、つぎのような、横山の本件種畜場設置争議事件の動向およびその帰趨に関する深い洞察力に基づくものと思われる。すなわち、横山が七月二日の時点で「既ニ当日ハ敷地内ノ土地モ全部植付ヲ了シ

殊ニ畜産組合ガ種畜場建設敷地トシテ直チニ県ニ提供スベキ土地ニ就テモ関係小作人ハ植付ヲナシタリ其ノ後畜産組合ハ調停ノ成否ニ依リテハ他ノ方法ヲ講ズル必要アリトシ、土地明渡催告書ヲ発送シ〔タリ〕」ととくに記述していることに照らすと、横山は、小作人側が、畜産組合（地主側）による土地立入禁止仮処分等の法的攻勢を予想して、これに先制するため、いわゆる「共同植付」戦術等の実力行使に出る可能性があることを察知したことから、それに伴い本件小作争議が激化する危険性を極力回避しようとする意図があったものと推測される。

つまり、横山は当時、小作争議がしだいに激化する傾向にあり、それに伴い地主側の土地立入禁止仮処分申立事件が全国的に急増するという深刻な状況にあったことは、当然知っていたはずであり、また、前年（昭和二年（一九二七年））には、木崎村事件（大正一五年（一九二六年）三月、新潟県木崎村で地主側の土地立入禁止の仮執行に対し、小作人側が実力で抵抗して警察官と衝突する事態が発生し、農民三四名が公務執行妨害罪で検挙されて、一二名が起訴されたうえ、昭和二年四月、新潟地方裁判所新発田支部で有罪判決を受けた事件）や伏石事件（大正一三年一一月、香川県太田村伏石地区で、地主が小作地（約九町歩）に成育する稲（稲立毛）を仮に差押えて競売に付したことに対抗し、小作人約三〇名が、弁護士若林三郎の「事務管理・留置権論」ともいうべきユニークな法律論に拠って、稲立毛を刈取り、これを集団脱穀して保管するという共同行為に出たところ、小作人約二〇名が窃盗罪で、同弁護士も窃盗教唆罪で逮捕勾留されて起訴されたうえ、第一、二審とも有罪判決（同弁護士ら幹部は実刑）を受けた。そこで、九名が無罪を主張して上告したが、昭和二年六月、大審院は「小作人が、仮差押えの執行により競落人たる地主の所有に帰した稲立毛を実力で刈取った行為及び同弁護人がこれを唆《そそのか》した行為は、窃盗罪及び同教唆罪に該当する」旨判示して上告を棄却し、有罪が確定した事件(大審院同年六月一四日判決『大審院刑事判例集第六巻』三〇四頁)等において示された司法の厳正な判断が、結果的には小作人側にとって一段と厳しい情勢になっていることについても、新聞、ラジオなど一般報道や『農政時報』、『帝国農会報』など農業界情報により、知っていたものと思われる(ちなみに、伏石事件では、関係小作人の一人が勾留保釈後に自殺し、若林弁護士も懲役一〇月の実刑で服役後自殺するという悲劇的な結末に至っている)。

したがって、横山としては、当時、小作争議の主題が「小作料減免から小作地明渡(小作権確認)へ」と質的に変換して、小作問題が単なる経済問題に止まらず、小作人の家族を含めた生活権保護という社会問題にまで質的に変化していることを的確に認識したうえで、大岡村事件の小作争議が、さらに激化して裁判闘争のドロ沼に陥るような事態だけは極力避けて、紛争解決の主題を「補償額の相当性」という経済問題に止めておくためにも、小作調停によって早期解決を図ろうとしたものと推測される。

同年八月三〇日、第五回(最終回)調停期日が開かれた。

当日、調停委員会は、市自治館において第一号事件、第二号事件を正式に併合して開かれたが、調停条項作成段階に至って、畜産組合との関係で調停の法的効力に関して手続上の疑念が生じたことから、調停外で当事者間において示談が成立したことを理由に本件小作調停を取下げる、という形で最終的な手続上の処理をすることになった。そこで、前記八月二三日横山作成に係る調停草案骨子を踏まえて、小作調停委員会が起案した和解条項案に則り和解契約書(同資料(二)・一二七枚目表〜一二八枚目表)が作成され、これにより当事者間の和解契約が最終的に成立した。

なお、和解契約書記載外の合意事項として、前記調停草案骨子の第三項所定の小作料不請求、免除の点は当事者間で再確認してこれを了承し、同第五項所定の見舞金二五〇円支払の点は和解の席上ただちに総代Sに支払われた。その結果、当日夜九時、本件小作調停事件は取下げにより円満終了するに至った。

以上の通り、横山は、本種畜場設置に関する小作調停事件において、調停主任裁判官(内藤磯吉および志賀某)が指揮する小作調停委員会と密接な連携を保ちながら、同委員会が実施した裁判外または夜間の調停(いわゆる現地調停、夜間調停に類するもの)、練達の地方有識者による勧解、小作官による事実上の調停および総代制度(法一一条)の各活用による調停手続の効率化等の斬新で柔軟な調停運用に関して、これを積極的に支持し協力している。その結果、当事者同士の一年余にわたる話合いが結局不調に帰した本件小作争議(大岡村事件)を小作調停申立後、わずか三カ月余で早期円満解決するという見事な成果をあげている。しかも、その間、横山は、小作調停における小作官の地位は、所属地方庁との関係で独立官庁であるとの独自性の原則を自覚して、県立種畜場設置というういわば身内の小作争議に対しても、公正な姿勢を堅持しているのである。

この「小作官記述」を通して、小作官としての強い使命感とヒューマニストとしての小作人への温かい眼差しを併せ持つ開明的農政実務家横山の実相を知ることができる。

四　蜜柑園小作争議における活躍

静岡県は、昭和四年(一九二九年)三月、同五年五月、同一一年三月の三回にわたり、『静岡県に於ける蜜柑園の小作事情(其の一)、同(其の二)、同(完)』と題する報告書を発行し、同県の重要農産物である蜜柑栽培の小作事情に関する調査結果を公表している。とくに同県経済部発行の『静岡県に於ける蜜柑園の小作事情(完)』(以下「(完)」または「本報告書」と略称)は、同県内務部発行の右(其の一)、(其の二)を含めた総集編であり、右(其の一)、(其の二)に掲載された事例(一九件)に新たな事例(一九件)を追加して整理したものである。全三八件(小作争議単位では三二件)の小作調停事例を中心とする蜜柑園小作争議に関する詳細な研究調査結果であり、本文一一九頁にも及ぶ力作で、豊富な事例に基づく的確な実証的分析と問題提起を内容とする貴重な報告書である。なお、この各報告書は静岡県内務部および経済部各発行であるが、とくに小作調停関連の詳細な事例紹介および付加意見に関しては、その具体的な記載内容、表現方法等に照らすと横山がその編集等に実質的に関与しているものと推認される。そこで、本報告書の小作調停事例を中心にして、横山の蜜柑園小作争議における小作官としての活躍の跡を追ってみることにする。

本報告書は、昭和九年(一九三四年)度の静岡県における蜜柑栽培面積は約六一五〇町歩、樹数は約四万五〇〇〇本であるとし、とくに庵原郡は、県内蜜柑栽培の最古かつ最盛の地域であり、果樹畑(約九〇%が蜜柑等の柑橘類)面積は約二三一五町歩、そのうち小作地は約四九〇町歩(約二一%)で、いずれも県内第一位である(昭和四年九月実施の農業調査結果)としたうえ、庵原郡における蜜柑園の小作争議事例(三二件)を中心に、事案の概要と問題点等を簡潔に報告している。

そこで横山が小作官として小作調停に積極的に関与した結果、小作調停が成立し、かつ、その具体的経過および内容が比較的詳細な小作調停事件二件を代表例としてつぎに紹介する。

1　長期・難事件も見事に大団円

〔(完)四三頁・番号13の事例、調停結果・小作継続＋小作料改定〕

㈠　本件小作地(七反歩)は、明治四二年(一九〇九年)三月(二〇年前)、当初の地主(現地主の祖父)が本件小作人らに対し、いわゆる原野開墾地として貸与したものであり、その際、当初地主は小作人らに「いつまでも蜜柑園を作らせる」旨約束したことから、小作人らもその言を信じて蜜柑栽培に尽力した結果、現在では優良な蜜柑園として最盛期(成果期)を迎えるに至った。ところが昭和三年冬、現地主が小作人五名に対し、約定の賃貸借期間(二〇年)満了を理由に本件小作地を引上げる旨通告した。小作人らは小作契約継続を強く申入れた。しかし、現地主は「小作人らが本件小作地を直ちに返還する場合は七〇〇円を提供する。もし、直ちに返還できない場合は、土地返還を五年間猶予するが、その間の小作料は従来の年額三八円五〇銭(反当り五円五〇銭)の一〇倍の年額三八五円五五円に値上げし、かつ、五年後の土地引渡時には無償で蜜柑園を引渡すべき」旨の土地返還を前提とする条件提示をするに止まった。そこで、小作人らは、従前の条件で小作契約を継続することを申入れると同時に、代案として小作人らが本件小作地を相当価格で買受けたい旨申し入れたが、現地主はいずれも拒否した。困惑した小作人らは、横山小作官に助言を求めたところ、小作調停の申立てを勧告されたことから、昭和四年（一九二九年）一月静岡地方裁判所に小作調停を申立てた。

㈡　第一回調停期日において、小作人側が提出した明治四二年三月一日付け小作契約書により、本件小作契約は、当初地主と小作人ら間において、小作料年額三八円五〇銭、支払期限毎年一二月二〇日、小作期間二〇年間と定めているうえ、期間の更新についても「満期ニ至リ、更ニ継年ヲ契約スベシ」として、小作契約の当然更新の特約を定めており、また、蜜柑樹の所有関係については「柑橘樹ハ小作ニ於テ植付ケ〔略〕柑橘樹ハ小作ノ権利ニ属ス」として、蜜柑樹は小作人らの各所有に属することも定めていることが確認されたことから、小作人らの地主側に対する前記申入れの趣旨が、右約定に則したものであることが判明した。

そこで、小作調停委員会は、地主に対し、本件小作地の引上げについて強く再考を促したが、地主は契約当初とは家庭事情が相違しているとして拒否したため、同委員会は二次案として、地主に対し、小作地引上げの条件として、蜜柑樹を相当額で買取ることを勧告したところ、地主はこれを承諾した。しかし、地主が蜜柑樹買取価格について、蜜柑樹一本当り二円五〇銭（一反当り六〇本として一五〇円)として、本件小作地全体では約一〇〇〇円の補償が限度である旨強く主張したため合意に至らなかった。同調停委員会は、さらに三次案として、地主に対し、本件小作地を各小作人らに売渡すことを勧告したところ、地主はこれを承諾した。しかし、売買価格について、地主は坪当り四円五〇銭、小作人は同委員会の評価額(時価)の半額をもって、それぞれ相当額であると主張して格差が大き過ぎたため、再度合意に達しなかった。そのため同調停委員会は、あらためて地主に再考を促し説得した結果、最終調停期日において、地主から、小作契約を継続し、小作料も同調停委員会の決定額に従う旨の最終回答が出され、小作人側もこれに同意した。これにより調停申立後、わずか二カ月余で、つぎのような内容の小作調停が成立するに至った。

調停条項

一、昭和四年度以降本件左記目録(略)の土地の小作料を年額金百円とし、毎年十二月二十五日を納期とす。此小作料は五ケ年を経たる上は此を改むることを得。

二、相手方に差支へを生せさる限り本件土地を従前通り申立人等に小作せしめ、故なく返還を求めずして相当年限小作せしむること。

三、相手方に於て、本件土地を売却するの必要を生じたる場合は先ず申立人等に対して買取の協議を為すことを要す。(平仮名表記化、一部省略、句読点付記は筆者による)

㈢　本件調停成立日には、静岡県知事の要請により、農林省小作官小林平左衛門（開明派グループの一人で、かつて小作調停法施行に先立って、高橋是清農商務大臣特命により、静岡県等各地の準備状況を調査した際、「小作官横山芳介ハ数年来本県農会技師タリシヲ以テ県内ノ事情ニ通シ、農会其ノ他ノ各方面ニ連絡上好都合ナリ」、「横山静岡県小作官（ハ）県庁内ニテ重視セラレ居リ、適任ナルカ如シ」と復命報告し（小林平左衛門『小作調停実施準備視察』参照）、横山の地方小作官としての資質を高く評価した人物）が本省より派遣されて本件調停に出席し、横山とともに調停成立のため尽力している。

なお、調停条項第三条は、小作人の小作地先買権について、草案が「賃貸人ガ其ノ小作地（略）ヲ売却セントスルトキハ、（略）賃借人ニ対シ、一定ノ期間ヲ定メ買取ノ協議ニ応ズベキ旨ヲ通知スルコトヲ要ス」（六条一項）として、これを認めていることを踏まえて、小作人保護のため小作人の小作地先買権を認める立場を明らかにし、これを積極的に調停条項に取入れたものである。その意味で、ここにも小作調停実務において、プロ・小作農的な新しい小作慣行を創出し、これを小作法制定の有力なベースにするという小林、横山ら開明的農政実務家の意図と熱意が感じられる。

㈣　その後、本件蜜柑園小作争議は、地主が、前記調停条項第三条を意図的に便乗、利用する行動に出たため、紛争が再発することになった。すなわち、昭和七年一月（前記調停成立後三年）に至り、地主が小作人らに対し、調停条項第三条に基づいて、本件蜜柑園小作地の買取を催告したことから、小作人らも買取を了承した。しかし、売買代金額で大きな開きがあったうえ、地主の代理人と称するいわゆる事件屋が「俺達の言う通り買わなければ大変なことになる。いずれ小作地が競売になれば、小作など問題ではない。蜜柑樹も当然競落人の所有になる」等と強弁したことから、同年二月末、小作人らは、静岡地方裁判所に小作地買受けについての相当価格の協定を求めて小作調停を申立てた。しかし、当事者間の合意が得られなかったことから、同年四月末、小作調停委員会がいわゆる職権調停（法三六条）により、独自に策定した「相手方（地主）は申立人ら（小作人ら）に対し、本件小作地を代金四三五〇円（坪当り二円八〇銭）で売渡す」べき旨を骨子とする全五条の調停条項案を当事者双方に送付したが、地主側が異議を申立てたため、結局右職権調停も失効して調停手続は終了するに至った。

しかし、その後さらに、地主が本件小作地を第三者に転売したため、昭和七年（一九三二年）九月、新地主が小作地返還を強硬に拒否する小作人二名（係争土地は全三反歩）に対し、樹木其他収去土地明渡訴訟を提起して第一審で勝訴した。そこで被告（小作人ら）が東京控訴院に控訴した。控訴審において、新地主側が、本件訴訟提起の真意は、小作地返還要求ではなく、小作人らに小作地を相当価格で売渡すことにある旨意見表明したことから、控訴審裁判長は、あらためて小作調停による本件小作紛争の抜本的解決を勧告した。そこで、小作人らは、昭和八年一〇月末、静岡地方裁判所に再度小作調停の申立てをした。その結果、翌九年六月、小作人らが新地主に対し、各小作地を坪当り二円五〇銭で売渡すべき旨を骨子とする全一一条に及ぶ調停条項（（完）五九～六一頁参照）を内容とする小作調停が成立し、五年半に及ぶ本件蜜柑園小作争議は、当事者の合意により最終的に紛争解消するに至った。この結果が、当事者双方にとって満足すべきものであったことは、本報告書が、「この事件後、地主は相携えて裁判所の調停主任判事、県小作官の処に礼を述べに来た。小作人も喜んだことはもとよりであったが、地主も終局において誠に快く、この土地を小作人に売渡し得たのであった」と、とくに付記していることからも明らかである。

2　地主の横暴は断固ストップ

〔(完)八四頁・番号2の事例、調停結果・小作継続＋小作料改定〕

(一)　昭和四年(一九二九年)秋、地主(約一〇町歩・九万九一七〇平方メートルの蜜柑山所有)が小作人約五〇名に対し、小作人らが開墾以来数十年(長期は四〇年以上)の蜜柑園小作地(約七町六反歩・七万五三六五平方メートル)に関して、従前から近隣地域の小作料(普通、反当り一〇円ないし一五円)の八倍ないし一〇倍という高額(反当り八〇円ないし一〇〇円)で、五年ごとの値上げ(倍増)という苛酷な小作条件の下に、永年継続してきた小作契約について、これを正式に書面化すると称して「小作期間は五年間、小作料は年額二二〇円(支払期限、毎年一二月二〇日)、小作地返還の場合、小作人は地上物件(蜜柑樹を含む)一切を現状のまま無償で返還する」等、従来の小作条件をさらに厳しくした著しく不当な契約条件を内容とする「小作契約之証」と題する書面を小作人に送付したうえ、小作人らがこれに応じない場合は、本件小作地を引上げる旨を一方的に通告してきた。そこで小作人らは、横山小作官に窮状を訴えると同時に、その打開策について相談している。

㈡　ところで、本報告書は、このような蜜柑園小作の安定性および収益性を無視した特異な小作関係が、当地域において発生するに至った原因について「これまで五年毎に小作料を増額されて来たその原因は、今度は小作料を之丈とするという地主の通告に、やむなく従って来た為に、今日の苦境に至ったので、その従って来た主なる理由は、もしその新しい小作料の額に応じないならば、地所は引上げるからという申渡しが、小作人の死命を制せられることになるので、引上げられては元も子もなくなる。まゝよ、今はとても利益を挙げる見込みはないにしろ、この先五年の間には、またどんな蜜柑のもうかる年がないものでもあるまい。こんな気休めの下に、小作料の増徴に従って来たので〔ある〕」として、小作人の厳しい立場に同情を示しながらも、その責任の一半は小作人自身の無定見な態度にもあることを指摘し、さらに「簡単に地主が〔土地を〕引上げるというそのことが、しかく安易な理由に依って、果たして実行されるものかどうかということに何等の考慮を払わなかったこと、打算上利益期待されぬ為に返地した小作人の土地を、同じ地位に立つ小作人が新しく一層不利益な条件で小作を開始することが、やがて今日の問題を起させた遠因なのである」として、その原因が、単に地主側の小作人の土地利用権を無視した特異な態度および特権意識等に起因するものではなく、小作人側にも、安易な現状追認的な態度および自己が有する土地利用権（小作権）についての権利意識の低さがあることを鋭く指摘している。また、地主の小作地引上げに伴い、新たに小作人が小作関係に新規参入する場合、他の地域では、新小作予定者が、前小作人に対し、当該小作地返還の理由および小作関係に新規参入するに伴う支障の有無等について、直接確認することが当然の慣行となっているのに、当地域では、ときには新小作予定者の方から「地主の方に迫って自分ならばもっと小作料を出す、今のまゝでは、小作人はうますぎる」などと申出ることさえあるため、当地域の小作料が、小作人同士の競争により不適正に吊上げられて、いわゆる競争小作料の形で不当に高額化しているとして、その原因を分析、追及している。その上で、本報告書は、協調主義の視点から、このような一部小作人の利己的な態度を厳しく批判している。

㈢　小作人らは、従来の安易で利己的な態度を改めて、地主の苛酷な要求に対抗するため、小作人全員で「小作人会」と称する小作組合（静岡県最初の蜜柑園小作地の小作組合）を組織した。そして、地主との折衝等における小作人側の行動の統一性を図るため、その専任者として総代を選出し、右総代を介し、地主の諸要求の撤回および新小作契約証書の調印拒否、小作料減額等を申入れたが、地主はこれを拒否して小作地の引上げをあらためて表明した。そこで、昭和四年一一月、小作人らは、小作料改定、小作料納期変更等を求めて、静岡地方裁判所に小作調停を申立てた。

その結果、調停申立後、約六カ月経過した昭和五年五月、当事者双方が合意に達し、大要つぎのような内容の小作調停が成立した。

調停条項

一、昭和四年度小作料は、契約小作料額の一割五分引と（略）す。
二、昭和五年度及同六年度は全て従前通り申立人に於て小作を継続するものとす。

其小作料に付ては、昭和四年度契約小作料額を超えず又其百分の七五を下ざる範囲に於て夫々契約小作地の当事者間に於て協議の上（昭和五年七月末日迄に）決定するものとす。〔略〕昭和五年七月末日迄に当事者間に於て〔略〕決定を遂げざる場合は、前項の定むる処に従い静岡県小作官之を定む。

其決定に対して不服あるものは、其小作料額の決定を求むる調停の申立を為すことを要す。

三、昭和七年以降に於ても、相手方は自作若くは他人に売却の場合を除き、小作を継続せしむるものと〔す。〕〔略〕

四、昭和七年以降に於て、地主に於て自作の為め若くは他人に売却の目的を以て、小作地の返還を求めんとする場合は、満一か年以上の予告期間を置きて返還の請求を為すものとす。

此場合、当該地所の小作人は、相手方と買取の協議をなして其土地の買取をなす場合の外、返還の請求に応ずる義務あるものとす。

但し、返還に際し、小作人が地主より補償を受くべき有益費の支出ある場合は、予め之が補償額に付、当事者は協議を行い決定するものとす。

若し、右予告期間内に於て協議整う見込なき時は、其補償額に付、調停の申立をなすべし。

五、本件土地の小作料は、当該年度の翌年二月末日限り支払うものとして、不作による減額の請求を為し得ざるものとす。

(四) 右調停条項は、当時としては、いずれも斬新で先進的なものである。そこで、各調停条項について、筆者の簡略な解説をつぎに付加する。

① 調停条項第一条、第二条は、従前の小作料が著しく高額であることから、本件小作調停委員会および横山小作官としては、現小作料額以上の値上げは認めないという基本方針に立って、今後三年間(昭和四年度から同六年度までの間)で、契約小作料額を現小作料額の五〇%ないし七〇%の範囲内に抑さえながら、近隣地域の一般な小作料額にできる限り近づけるという意図をもって、その初年度は現小作料額の一五%減、第二、第三各年度(昭和五、六年度)は現小作料額の各二五%減を各限度に減額することを調停条項上明記している。なお、その後、契約小作料額は年々減額されて、昭和七年(一九三二年)度には昭和四年(一九二九年)度前(本件小作争議前)の契約小作料額の二五%程度にまで減額されて、所期の目的を達している。

また、第二条は、昭和五、六年度の小作料額決定に関して、県小作官(横山)に最終裁定権を付与している。その趣旨とするところは、本報告書が、「この調停は、これで終結したのであったが当時、調停委員会もこれは暫定的の調停であって、このまゝですむことには考えられなかった」と記述している通り、本件小作調停委員会としては、本件蜜柑園小作に関して、後日、小作料改定等をめぐって紛争が再発することが予想されたことから、県小作官(横山)が、契約小作料額の裁定権をベースにして小作官の事実上の調停等の活用による専門的調整機能を発揮し、これにより本件蜜柑園小作争議の再発防止および小作紛争の早期解決を図ることを期待したものである。横山は、この期待に応えて、その後、小作争議が再発した際、小作調停委員会および勧解者と協力して、本件蜜柑園小作紛争を最終的解決に導く活躍をしている。

② 第三条は、従来、五年ごとに小作料を改定する旨の事実上の慣行があることは、第二条所定の小作継続の原則と同様に、当事者間に争いはないが、地主は、右五年間は同時に契約存続期間でもあるとして、本件小作契約は五年間で当然終了するという身勝手な独自の解釈を強調し、これを口実に不当な小作料値上げを重ねてきたことから、本件小作調停委員会および横山小作官としては、右五年間は、小作料の改定期限に過ぎず、契約存続期間ではないことを明示すると同時に、草案一二条、一五条等の趣旨に則り、本件小作契約の継続性（安定性）確保のため、契約継続（契約更新）を確認したものである。

③ 第四条は、地主が小作地を第三者に売渡した場合、小作人保護のため、前記1の事例（調停条項第三条）と同様に、草案六条所定の小作人の小作地先買制度の趣旨を踏まえて、小作人らに小作地先買権を認めて小作人らの土地利用権の保護を図っている。

また、有益費償還（補償）の問題は、横山が、従前から蜜柑樹等の永年作物小作地の返還の場合とくに考慮すべきものとして主張してきたものであるが、本条は、この点について、小作人らが有益費償還請求権を有することを前提に、地主に対して、その補償義務があることを明示したうえ、その補償額については、小作調停により最終的に確定されるべき旨を定めている。

このような斬新な調停条項が組み込まれていることに鑑みると、これらの調停条項策定に際しては小作調停の場において、これらの点に関する新しい小作慣行の形成を意図する横山の意見が、強い影響力を及ぼしていたものと推測される。

④　第五条は、小作料の支払期限について、従来、当該年度の「一二月二〇日限り」としていたものを、年末の繁忙時期を避けて翌年二月末とする一方、小作人側の不作による小作料減額請求を認めないとするものである。後者の条項部分は、小作人にとって、いささか厳しいものであるが、互譲妥協を旨とする調停実務における当事者の説得手法として、本件のような小作調停の場合において、地主側に一方的な譲歩を求めるだけではなく、小作契約における地主の基本的権利(利益)である小作料徴収権については、小作人側にもこのような形で譲歩を求めることにより、地主側の小作調停による合意形成への意欲を促して説得し、その結果得られた当事者の合意事項であると推測されるので、その限りでは理解できる条項部分であるといえる。

なお、従来、横山は、小作人が地主に対し、凶作を理由に小作料減免を要求することは、農業者すなわち企業者としての自覚を欠くものであり、また、小作権者としての義務を忘れるものでもある旨主張していることから、この横山の持論が、右条項部分に具現したものと推測される。

以上の通り、前出1、2の各事例の小作調停の経過およびその結果を具体的に検討するときは、小作調停制度が、民事司法と農地行政の連携、協同の基本的原則に基づいて、小作調停における農政専門家である地方小作官の積極的な関与の下に、具体的な小作争議を適正に調整して解決するという、制度本来の趣旨に沿った運用結果をそれぞれに実現した好例であるということができる。

また、担当小作官の横山についても、横山は、地主について、単に「地主即悪者」というような短絡的な発想ではなく、非農業者の不耕作地主とは異なり、永年にわたりわが国農村社会における伝統と文化の事実上の担い手となり、現にわが国農業の進歩、発展を願って篤実に農業経営を実践している、いわゆる篤農家の存在とその重要性については、これを正当に認識、評価する一方、小作人については、単に「小作可愛やかわいそう」というような皮相な同情論ではなく、いわば厳父慈母の心情を併せ持った「小作保護官」として、意欲的に行動している。

このように、横山が、小作調停の現場において、小作人の経済的安定、小作権(耕作権)の尊重、保護等のプロ・小作農的見解を堅持しながら、具体的な小作争議の解決およびそれによる小作問題一般の改善(近代化)のため、奉仕の精神をもって、誠意を尽くして活躍しているその姿は感動的であり、まさに開明的農政実務家横山の実相を知ることができる。

五　閑話―「正月十一日」の風習

静岡市庵原郡および安倍郡地方において、古くから地主、小作人間の正月の伝承行事として、毎年正月一一日に小作人が地主の邸宅に赴いて、「今年も亦作らせて頂きます」などと挨拶して、その年の小作契約関係の継続を口頭で両者確認し合うという「十一日の仕来《しきた》り」とか「十一日」と称する独特の風習(慣習)が行われていた(完)三九～四一頁参照。全国各地で古くから正月行事の一つとして、正月一一日に行われていた「農立て」、「鍬《くわ》入れ」「鍬初め」、「田打ち正月」などと称される、農作業の仕事始めの風習(農耕儀礼)の一種)。

本報告書は、地主がこの「十一日」の風習を地主に有利なように拡大解釈して、「毎年正月十一日に地主の所へ挨拶に来る小作人に、〔小作地を〕今年限り貸す約束をするのであって、小作人が若し自分の意思で十一日に挨拶に来ないならば、それ丈でその小作地を取上げても一向に差支えないものゝ様に考えて居る」として、地主の独善的な姿勢を厳しく批判している。そして、現に地主が小作契約は一年限りの契約であるとの理由から、小作地を一方的に無償で取上げた事例(同三九頁)に関して、この風習は、古来同地方の農村における正月行事の伝統的風習であって、単に小作人の地主に対する正月儀礼の表現行為に過ぎないから、何ら法的意味(効果)を有するものではない。また、仮に法的意味があるとしても、「十一日」は「小作料納入日」の定めに過ぎないものであるとして、この風習(慣習)に関する適正妥当な法的解釈を示したうえ、このような正月儀礼のいわば付随的現象に過ぎない風習について、地主が「小作契約の開始時期」を定めるものと勝手に解釈して、地主側に一方的に有利な独自の法的効果を付与していると重ねて批判している。さらにこのような地主側の不当な解釈の下に、本来、同地方では田場所に限定(畑地は適用除外)されていた「十一日」の慣習を、蜜柑樹等の永年作物小作にまで拡張適用することについて「蜜柑の栽培は開墾した畑に樹を植えて一五年位は、到底その投じたる費用に対して、年々の収入は顕著なる不足となるのであるから、一年で了るという明瞭な観念を以てしては、如何に魯鈍なる百姓でも、その幼樹栽培の一年の小作契約をする筈のあろうこともなし」と、その不当性を指摘している。

その上で、本報告書は、昭和四年以降においては、地主が小作地を引上げる場合は、「小作別れ金」(作離料)を支払う事例が一般化しているため、現在では、「十一日」の風習(慣習)を理由にして、地主が一方的かつ無償で小作地を引上げることは、事実上困難な状況になっている旨報告するとともに、小作調停における調停委員、小作官等の努力によって、徐々に新しい小作慣行が形成されて着実に小作問題が改善されつつあることを示唆している。

六　おわりに

(1)　この第二部「小作官・横山芳介の軌跡」は、横山の小作官の業績をはじめて調査、研究してこれを公表された沼田論文に啓発されたものである。ただ、筆者としては、横山の小作問題に関する論述等の関係資料は、今回ほとんど検索、収集し得たものと考えている。そこで、本書においては、これらの関係資料を整理したうえ、横山の小作官としての事績に関連する事実関係を抽出し、これを時系列的に一編にまとめて紹介することに主眼を置いて、筆者の意見、コメント等は必要に応じて適宜付加するに止めた。したがって、これらの事実関係等に基づく横山の全体像のさらなる構築作業は、今後の横山芳介研究者に委ねることにした。
なお、資料収集および執筆の過程において、横山とつぎの人たちとの関係については、つぎのような点でとくに関心を持ったので、参考までに付記する。

①　田邊勝正との関係如何。田邊は、横山とは北大農学部の同窓関係にあり、開明派グループに属し、小作調停法、小作法草案の立法担当者の一人で、後に農林省農地局管理部長、わが国農地制度に関する記念碑的著作と評される『農地制度資料集成』編纂委員長等を歴任し、地方小作官会議や東京控訴院管内小作調停事務協議会には、本省小作官としてほとんど毎回出席して横山と直接意見交換を行っていることなどから、横山の小作問題に関する農政上の考え方や実践的手法等に強い影響力があったものと推測される。

②　森本厚吉との関係如何。森本は、北大農学部教授で革新的農政学者といわれ、有島武郎の親友で、有島の狩太農場解放の思想的指導者であり、狩太農場解放後の「有限責任狩太共生農團信用利用組合」の設立者でもある。大正九年（一九二〇年）末頃、静岡県農会において「農民の改造」と題して講演をしている。その中で「〔略〕国民全体の昂上を図らなければ、国家の完全なる進歩発展は出来ない。〔略〕今迄見捨てられて居た処の下級者の昂上を図る是が今日の愛国心で〔あり〕社会奉仕である。〔略〕其下級に属する者の大部分は小農民であります、其大切な小農民は只今水呑百姓の状態でありまして〔略〕我国が農民の力を之迄軽じて等閑にして居たといふ事を、大いに悟って頂きたい」（『県農会報』二八〇号一一、一二頁）とプロ・小作農的見解を表明している。

③　那須皓、河田嗣郎の著作等による影響の有無。両者とも横山と同時代人で、大正デモクラシー期の新進農政学者といわれ、いずれもプロ・小作農的見解を数多く発表しており、横山の小作

問題等に関する考え方との共通性が多く認められる。すなわち、那須は、東大農学部教授で、改良主義的農政学者といわれ「単なる農地地主は農業者に非ず」と主張し、昭和農業恐慌時の「農村自力更生運動」の提唱者である。また、河田は、京大農学部教授で、革新的農政学者といわれ、小作問題の根本的解決策として、地主的土地所有を否定し「自作的小作制・土地国有論」を提唱した。

④　渡瀬寅次郎との交流の有無。渡瀬は、札幌農学校第一期生で、クラーク博士の直弟子。横山が静岡に来た当時、沼津市郊外に居住し、「農は職業中、最も有用、最も健全、最も貴重なるものなり」をモットーに農業教育の重要性を提唱し、新渡戸稲造、内村鑑三らの協賛を得て、札幌農学校を思想的モデルとした「興農学園」の創設を企図したが、大正一五年(一九二六年)没。

(2)　小作調停法施行当時、わが国の小作問題の中心的課題は、わが国農村における小作人の農業者としての位置づけの問題であり、その実質は農業者すなわち小作人保護の問題であった。したがって小作問題に関する法的問題は、土地資本家としての地主に対する農業者(小作人)の権利の問題、つまり土地所有権に対する土地利用権(小作権・耕作権)の法的保護の問題とそれに伴う所有と利用の法的調整の問題であった。また、農地行政上の問題は、わが国農業の基盤である小作関係の改善に基づく、農地の最有効利用による農業生産性の向上と農村社会の安定を図ることにあった。

横山は、これらの法的および農政上の問題点を的確に把握したうえ、プロ・小作農的視点に立って「開明的農政実務家」として『県農会報』や小作官会議等を中心に開明的(先進的)見解を数多く発表し、しかも、その見解を小作調停の現場において、小作官として積極的に実践して多大な実績をあげている。その意味で、横山は「小作保護官」であると同時に、小作問題の実践的改革者でもあったと評することができる。

横山が、生前に強く望んで止まなかった小作法の制定は、横山が四六年の短い生涯を閉じた二カ月後、「農地調整法」の公布により部分的に実現した。同法は、わが国農地立法史上、はじめて実体法による民法の修正が実現した点でエポックメーキングな立法ではあったが、その具体的内容は、小作契約関係の条文が、実質的には第八条(小作契約の第三者対抗力の付与)および第九条(小作契約の解約申入、更新拒絶の制限)のわずか二カ条に止まるなど、横山が思い描いていた小作法すなわち小作保護法とは程遠いものであった。そして、小作問題改善の最終的目標である小作立法と自作農創設による寄生地主的土地所有から自作農的土地所有への段階的移行、それによるわが国農業の全面的改革は、横山亡き後の昭和二一年(一九四六年)、第二次農地改革立法(自創法、農調法改正法)に基づくいわゆる農地改革(農地解放)によって、ようやく実現するに至った。

横山は、やがて来る「激動の昭和」の時代的予兆を感じながら、若き日、北の大地で培ったヒューマニズムの「貴き野心」(ロフティー・アンビション)をもって、当時わが国農業の基本的課題であった小作問題改善による農業の近代化を目指し、第二の故郷・駿河の地に稔り豊かな「清き国」の実現を夢見つつ、「都ぞ弥生・その後」の半生を「生涯一小作官」として淡然と生き、そして、逝ったのである。

資　料　小作調停法（大正一三年七月二二日法律第一八号）〔抄〕

第　一　条　小作料其ノ他小作関係ニ付争議ヲ生シタルトキハ当事者ハ争議ノ目的タル土地ノ所在地ヲ管轄スル地方裁判所ニ調停ノ申立ヲ為スコトヲ得
当事者ハ合意ヲ以テ争議ノ目的タル土地ノ所在地ヲ管轄スル区裁判所ニ調停ノ申立ヲ為スコトヲ得

第　九　条　調停ノ申立ヲ受理シタル事件ニ付訴訟ガ繫属スルトキハ調停ノ終了ニ至ル迄訴訟手続ヲ中止ス

第　十　条　裁判所調停ノ申立ヲ受理シタルトキハ調停委員会ヲ開クコトヲ要ス
但シ争議ノ実情ニ鑑ミ之ヲ開カスシテ調停ヲ為スコトヲ得

第十一条　裁判所実情ニ依リ適当ナル者アリト認ムルトキハ前条ノ規定ニ拘ラス之ヲシテ勧解ヲ為サシムコトヲ得

第十二条　当事者多数ナル場合ニ於テハ其ノ全部又ハ一部ヲ代表シテ調停ニ関スル一切ノ行為ヲ為サシムル為總代ヲ選任スルコトヲ得
裁判所前項ノ總代ナキ場合ニ於テ必要アリト認ムルトキハ總代ノ選任ヲ命スルコトヲ得
總代ハ当事者ノ中ヨリ之ヲ選任スルコトヲ要ス

第十五条　調停ノ結果ニ付利害関係ヲ有スル者ハ裁判所ノ許可ヲ受ケ調停ニ参加スルコトヲ得
裁判所ハ調停ノ結果ニ付利害関係ヲ有スル者ノ参加ヲ求ムルコトヲ得

第十七条　争議ノ目的タル土地ノ所在地又ハ当事者ノ住所地ノ市町村長又郡長ハ裁判所ニ対シ事件ノ経過ニ付陳述ヲ為スコトヲ得

第十八条　裁判所必要アリト認ムルトキハ小作官、前条ノ市町村長又郡長其ノ他適当ト認ムル者ニ対シ意見ヲ求ムルコトヲ得

第十九条　小作官ハ期日ニ出席シ又ハ期日外ニ於テ裁判所ニ対シ意見ヲ述フルコトヲ得

第二十条　裁判所必要アリト認ムルトキハ事実ノ調査ヲ小作官ニ嘱託ルコトヲ得

第二十一条　裁判所ニ於ケル調停手続ハ之ヲ公開セス

但シ裁判所ハ相当ト認ムル者ノ傍聴ヲ許スコトヲ得

第二十七条　調停ハ裁判上ノ和解ト同一ノ効力ヲ有ス

第二十八条　調停委員会ハ調停主任一人及調停委員二人以上ヲ以テ之ヲ組織ス

第二十九条　調停主任ハ判事ノ中ヨリ毎年豫メ地方裁判所長之ヲ選任ス

〔第二項、第三項は省略〕

第三十条　調停主任ハ争議ノ実情ニ鑑ミ適当ト認ムル場所ニ於テ調停委員会ヲ開クコトヲ要ス

第三十一条　調停委員会ニ於ケル調停手続ハ調停主任ガ之ヲ指揮ス

第三十二条　調停委員会ノ決議ハ調停委員ノ過半数ノ意見ニ依ル可否同数ナルトキハ調停主任ノ決スル所ニ依ル

第三十三条　調停委員会ノ評議ハ之ヲ秘密トス

第三十四条　第十一条乃至第二十六条ノ規定ハ調停委員会ノ調停手続ニ之ヲ準用ス

第三十六条　期日ニ於テ調停成ラサルトキハ調停委員会ハ適当ト認ムル調停条項ヲ定ムルコトヲ得前項ノ規定ニ依リ調停条項ヲ定メタル場合ニ於テハ調停委員会ハ其ノ調書ノ正本ヲ当事者、（略）總代ニ送付

シ〔略〕
当事者又ハ總代カ正本ヲ送付ヲ受ケタル後一月内ニ調停委員会ニ異議ヲ述サルトキハ調停ニ同意シタルモノト看做ス

〔第四項、第五項は省略〕

第三十八条　調停成リタルトキ又ハ第三十六条第三項ノ規定ニ依リ調停ニ同意シタルモノト看做サレタトキハ裁判所ハ調停主任ノ報告ヲ聴キ調停ノ認否ニ付決定ヲ為スコトヲ要ス

調停認可決定ニ対シテ不服ヲ申立ツルコトヲ得ス
調停不認可ノ決定ニ対シテハ当事者又ハ總代ハ民事訴訟法ニ従ヒ即時抗告ヲ為スコトヲ得

第三十九条　裁判所ハ調停カ著シク公正ナラスト認ムル場合ニ非サレハ調停不認可ノ決定ヲ為スコトヲ得ス

第四十条　調停委員会ヲ開キタル場合ニ於テハ調停ノ認可決定アリタルトキニ限リ裁判上ノ和解ト同一ノ効力ヲ有ス

第四十二条　調停委員会ハ必要ト認ムルトキハ調停ノ経過ヲ公表スルコトヲ得

第四十九条　調停委員又ハ調停委員タリシ者故ナク評議ノ顛末又ハ調停主任、調停委員ノ意見若ハ其ノ多少ノ数ヲ漏泄シタルトキハ千圓以下ノ罰金ニ處ス

附　則

本法ハ勅令ヲ以テ指定スル地区ニ之ヲ施行セス

『静岡県農会報』に掲載された横山芳介の論文

テーマ	発行時期
亜麻とは何か(上)	大正　七年一一月(第二五三号)
同　(中)	大正　七年一二月(第二五四号)
歳末漫言(「蓬雨」というペンネームを使用)	大正　七年一二月(第二五四号)
亜麻とは何か(下)	大正　八年　一月(第二五五号)
時勢は新なり	大正　八年　二月(第二五六号)
春　の　歓	大正　八年　四月(第二五八号)
我等は何をなすべきか	大正　八年　五月(第二五九号)
この頃歩いて来た処のお話	大正　八年　六月(第二六〇号)
年を迎へて	大正　九年　一月(第二六七号)
人か馬か発動機か	大正　九年　二月(第二六八号)
農　界　時　事	大正　九年　五月(第二七一号)
小作農業の改善・序論	大正　九年　六月(第二七二号)
同	大正　九年　七月(第二七三号)

小作農業の改善・序論	大正 九年 八月(第二七四号)
同	大正 九年 九月(第二七五号)
同	大正 九年一〇月(第二七六号)
農界時事	大正 九年 七月(第二七三号)
農界時事	大正 九年 八月(第二七四号)
地主の小農保護	大正 九年 九月(第二七五号)
麦作問答(「蓬雨」のペンネーム)	大正 九年一〇月(第二七六号)
プラウのおはなし	大正 九年一〇月(第二七六号)
同	大正 九年一二月(第二七八号)
農界時事	大正 九年一二月(第二七八号)
農界時事	大正一〇年 一月(第二七九号)
小作農業の改善・本論	大正一〇年 一月(第二七九号)
同	大正一〇年 二月(第二八〇号)
同	大正一〇年 五月(第二八三号)
同	大正一〇年 六月(第二八四号)
さつま芋の増収には	大正一〇年 七月(第二八五号)
農会は農学校を経営すべし	大正一〇年 七月(第二八五号)
イギリスの穀物生産法ドイツ・プロシア小作保護法	大正一〇年一二月(第二九〇号)

『静岡県農会報』に掲載された横山芳介の論文

私案・農業経営法	大正一〇年 九月(第二八七号)
同	大正一〇年一〇月(第二八八号)
同	大正一〇年一一月(第二八九号)
同	大正一一年 一月(第二九一号)
同	大正一一年 二月(第二九二号)
同	大正一一年 四月(第二九四号)
同	大正一一年 七月(第二九七号)
同	大正一一年 八月(第二九八号)
同	大正一一年 九月(第二九九号)
前号水島君の「小作運動より道義的社会運動へ」を読みて	大正一一年 一月(第二九一号)
進歩せる農業は管理者を要す	大正一一年一〇月(第三〇〇号)
農界時論	大正一二年 三月(第三〇五号)
中央卸売市場法の制定と青果物生産者の用意	大正一二年 六月(第三〇八号)
稲田畜力除草機の実用時代来る	大正一二年 六月(第三〇八号)
農業問題管見	大正一二年 七月(第三〇九号)
稲田畜力除草機と鮮牛の利用	大正一二年 八月(第三一〇号)
飯塚翠峯氏に質す	大正一二年一〇月(第三一二号)
農業経営私見	大正一二年一一月(第三一三号)

農業経営私見	大正一二年一二月（第三一四号）
同	大正一三年　二月（第三一六号）
千葉県に於ける促成栽培の現況並に販売法	大正一三年　一月（第三一五号）
茨城県に於ける促成栽培の現況並に販売法	大正一三年　二月（第三一六号）
別　辞	大正一三年一〇月（第三二四号）
小作調停法に就て	大正一三年一二月（第三二六号）
小作組合と農会との関係	大正一四年　三月（第三二九号）
小作組合法制定の機迫るか	大正一四年　九月（第三三五号）
小作調停事件に現れたる現象二三に就て	大正一四年一二月（第三三八号）
農業協調委員制度の作用	昭和　二年　四月（第三五四号）
小作地引上に関する争と小作法草案の示す処	昭和　二年一〇月（第三六〇号）
同	昭和　二年一一月（第三六一号）
米屋の買わない米	昭和　三年　九月（第三七一号）
同	昭和　三年一〇月（第三七二号）
水稲二回作の農村に於ける経済的意義	昭和　四年一一月（第三八五号）
地主の都合で引上げる小作地	昭和　四年一二月（第三八六号）
農業はかく移行す	昭和　六年　八月（第四〇四号）
農業に於ける生産統制と需要の指導	昭和　六年一二月（第四〇八号）

静岡県に於ける小作問題の解説　昭和　七年　七月（第四一五号）

小作調停法は如何に利用さるべきか　昭和　七年一二月（第四二〇号）

朗らかに歌はしめよ、農村に残された資源は惜みなく与えよ　昭和　八年　五月（第四二五号）

統制の弊害に覚醒せよ　昭和　八年　六月（第四二六号）

農業を統制する中心はどこに在るか　昭和　八年　九月（第四二九号）

混沌たる米の生産　昭和　九年　二月（第四三四号）

米を作る農家に提言する　昭和　九年　五月（第四三七号）

販売統制に伴う米作の見方　昭和　九年　七月（第四三九号）

静岡県に於ける米作農業の特殊性　昭和一一年　四月（第四六〇号）

同　昭和一一年　五月（第四六一号）

略年譜

年次	経歴等	一般関係事項
明治二四年（一八九一年）	五月　横山芳介出生（東京市神田区駿河台鈴木町二四）	
明治二七年（一八九四年）		一月　遠友夜学校創立
明治三一年（一八九八年）	九月　東京女子高等師範学校付属小学校入学	
明治三七年（一九〇四年）	九月　東京高等師範学校付属中学校入学	二月　日露戦争勃発
明治三八年（一九〇五年）		四月　恵迪寮開設
明治四〇年（一九〇七年）		六月　東北帝国大学開学
明治四二年（一九〇九年）	七月　東京高等師範学校付属中学校卒業	
明治四三年（一九一〇年）	九月　東北帝国大学農科大学予科入学	一〇月　帝国農会設立
明治四五年（一九一二年）	四月　**「都ぞ弥生」誕生**	二月　凍影社設立 四月　恵迪寮機関雑誌『辛夷』創刊

大正元年（一九一二年）	九月　恵迪寮委員会寮務委員	
大正三年（一九一四年）	七月　東北帝国大学農科大学農学科進学 一〇月　「遠友夜学校」のボランティア活動に参加	七月　第一次世界大戦勃発
大正四年（一九一五年）	二月　実父光次郎逝去	三月　有島武郎札幌を離れる
大正六年（一九一七年）	一二月　東北帝国大学農科大学農学科卒業（工芸作物学講座） 農科大学副手任用	
大正七年（一九一八年）	五月　空知郡砂川村土地調査員 八月　静岡県農会技師就任。静岡市へ転居	四月　北海道帝国大学開学 七月　米騒動発生 一一月　第一次世界大戦終結
大正八年（一九一九年）	八月　静岡県家禽協会顧問 一一月　静岡県女子農事講習会講師委任	
大正九年（一九二〇年）	三月　静岡県技師任命 六月　「小作農業の改善・序論」発表 七月　静岡県立農事試験場農事講習講師委任 害虫駆除予防委員拝命	一一月　小作制度調査委員会設置
大正一〇年（一九二一年）	一月　「小作農業改善・本論」発表	四月　「借地法・借家法」制定
大正一一年（一九二二年）	四月　亀山祝枝と結婚	四月　日本農民組合設立

年次	経歴等	一般関係事項
大正一一年（一九二二年）		四月　「借地借家調停法」制定 八月　有島武郎が狩太農場の解放を宣言
大正一二年（一九二三年）		五月　小作制度調査会発足 六月　有島武郎軽井沢で情死 九月　関東大震災
大正一三年（一九二四年）	一〇月　**静岡県小作官任命** 静岡県内務部勤務 一二月　地方小作官任命 一二月　「小作調停法に就て」発表	七月　「小作調停法」公布 九月　小作官制度新設
大正一四年（一九二五年）	三月　「小作組合と農会との関係」発表 一二月　「小作調停事件に現れたる現象二三に就て」発表 一一月　長男芳男誕生	四月　「治安維持法」公布 四月　農商務省を農林省、商工省に改組 一一月　大日本地主協会設立
大正一五年（一九二六年）	一月　孤児大石悠紀恵を引取る	

昭和二年（一九二七年）	一〇月　「小作地引上に関する争と小作法草案の示す処」発表	三月　農林省「小作法草案」公表 六月　大審院伏石事件に有罪判決
昭和三年（一九二八年）	六月　第五回地方小作官会議で小作問題に関する意見書を提出 九月　大岡村小作調停事件報告書提出	二月　初の男子普通選挙実施
昭和四年（一九二九年）	一二月　「地主の都合で引上げる小作地」発表	一〇月　世界恐慌はじまる
昭和六年（一九三一年）	一一月　標準米査定委員委嘱	二月　「小作法案」貴族院で流産 九月　満州事変勃発
昭和七年（一九三二年）	三月　日本評論社の小作法案に関する質問書に回答 一二月　「小作調停法は如何に利用さるべきか」を発表	北海道・東北地方冷害凶作
昭和八年（一九三三年）	三月　静岡県内務部産業組合課兼務 一一月　「思ひ出の恵迪寮」寄稿	三月　「米穀統制法」公布
昭和九年（一九三四年）	七月　静岡県農産物種統制委員委嘱 一一月　「静岡県における小作地返還争議調停事例に関する報告書」農林省に提出	東北地方冷害凶作

年次	経歴等	一般関係事項
昭和一〇年（一九三五年）	七月　第九回地方小作官会議で小作問題に関する意見書を提出	
昭和一一年（一九三六年）	三月　『静岡県に於ける蜜柑園の小作事情（完）』の発刊に参画 八月　第一二回東京控訴院管内小作調停事務協議会（於長岡）に病をおして出席	二月　二・二六事件
昭和一二年（一九三七年）	九月　肺結核で病臥	七月　日中戦争勃発 一〇月　自作農創設維持補助助成規則公布
昭和一三年（一九三八年）	一月　**芳介逝去（四六歳）** 二月　静岡市長源院（曹洞宗）にて葬儀 叙正五位勲五等一級俸下賜、特旨を以て位一級を追叙（宮内省）	四月　「農地調整法」公布 四月　「国家総動員法」公布
昭和二〇年（一九四五年）	六月　静岡大空襲で記録文書など消失	八月　太平洋戦争終結
昭和三二年（一九五七年）	九月　「都ぞ弥生」歌碑建立（北大恵迪寮南側）	
昭和三三年（一九五八年）	一月　横山の墓碑、「都ぞ弥生」歌碑建立（静岡市長源院）	

平成四年（一九九二年）	二月　静岡市長源院境内に独立した「都ぞ弥生」歌碑建立
平成一一年（一九九九年）	五月　静岡市長源院境内「都ぞ弥生」歌碑のリニューアル完成
平成一四年（二〇〇二年）	一〇月　静岡市長源院境内にて「都ぞ弥生」誕生九〇周年記念祭開催

引用・参考文献

〈第一部〉

山口哲夫編『都ぞ弥生』〈第四版〉(東京エルム会寮歌委員会、一九七六年)

札幌市教育委員会編『遠友夜学校』(北海道新聞社、一九八一年)

高橋佐門『旧制高等学校研究(校風・寮歌論編)』(昭和出版、一九七八年)

沼田　誠「地方小作官と小作調停―横山芳介の場合―」(『静岡県史研究』第七号所収、静岡県教育委員会、一九九一年)

鈴木勝男「横山芳介―東京・札幌・静岡、四十六年の生涯」(『恵迪』第四号所収、恵迪寮同窓会、二〇〇一年)

大内　力『農業問題』(岩波書店、一九五一年)

札幌農学校学芸会編『札幌農学校』〈復刻版〉(北海道大学図書刊行会、一九七六年)

恵迪寮寮史編纂委員会編『恵迪寮史』〈復刻版〉(北海道大学恵迪寮、一九八七年)

北大恵迪寮閉寮記念文集『恵迪寮よ永遠に』(北大恵迪寮閉寮記念同窓会、一九八二年)

『北大百年史(通説)』(北海道大学、一九八二年)

『写真集　北大百年』(北海道大学、一九七六年)

水野　一・川越　守校訂『北大寮歌集』(北海道大学図書刊行会、一九七六年)

〈第二部〉

沼田　誠「地方小作官と小作調停―横山芳介の場合―」(『静岡県史研究』第七号所収、静岡県教育委員会、一九九一年)
静岡県農会『静岡県農会報』(第二五六、二五八、二七二、二七六、二七九、二八〇、二八三、二八四、三二四、三二六、三二八、三二九、三五四、三六〇、三六一、三八二、四一五、四二〇号(一九一九〜三二年))
川口由彦『近代日本の土地観念』(東京大学出版会、一九九〇年)
広中俊雄『農地立法史・上巻』(創文社、一九七七年)
加藤一郎『農業法』〈法律学全集〉(有斐閣、一九八五年)
我妻　栄『新訂物権法(民法講義II)』(岩波書店、一九八三年)
同　『債権各論・中巻一(民法講義V2)』(岩波書店、一九三二年)
小山　昇『民事調停法(新版)』〈法律学全集〉(有斐閣、一九七七年)
安達三季生「小作調停法(法体制再編期)」(『講座日本近代法発達史7』所収、勁草書房、一九五九年)
農林省農務局編『地方小作官会議録』〈全五冊〉(御茶の水書房、一九八〇年)
農林省農務局『地方小作官会議録』〈第一〜九回〉農林水産政策研究所(旧農業総合研究所、以下同じ)所蔵文書
長野県『第六回東京控訴院管内小作調停事務協議会要録』農林水産政策研究所所蔵文書
農地制度資料集成編纂委員会『農地制度資料集成』〈全一〇巻・補巻二巻〉(御茶の水書房、一九六八〜七三年)
最高裁判所事務総局『明治以降裁判統計要覧』(最高裁判所事務総局、一九六九年)
竹内昭夫外編『新法律学辞典(第三版)』(有斐閣、一九八九年)
法律時報編纂部「小作法案其の他に関する質問に答えて」(『法律時報』第四巻第三号所収、日本評論社、一九三二年)

農林省農務局『宮城・東京控訴院管内特別保存小作争議調停事件関係資料㈠、㈡、㈣』農林水産政策研究所所蔵文書
農林省農務局編『小作ニ関スル判例集』（帝国地方行政学会、一九二九年）
石井良助監修『近代日本法律司法年表』（第一法規出版、一九八二年）
静岡県内務部『静岡県に於ける蜜柑園の小作事情（其の一）、（其の二）』（静岡県、一九二九、三〇年）
静岡県経済部『静岡県に於ける蜜柑園の小作事情（完）』（静岡県、一九三六年）
小林平左衛門『小作調停実施準備視察（大正一三年一二月一八日付復命書）』農林水産政策研究所所蔵文書
湯浅浩史「赤い植物と照葉樹林文化」『照葉樹林文化論の現代的展開』所収、北海道大学図書刊行会、二〇〇一年）
村上保男『日本農政学の系譜』（東京大学出版会、一九七二年）
横山芳男「父横山芳介の生い立ち」（山口哲夫編『都ぞ弥生』〈第四版〉所収、東京エルム会寮歌委員会、一九七六年）
恵迪寮寮史編纂委員会『恵迪寮史』〈復刻版〉（北海道大学恵迪寮、一九八七年）

あとがき

大高全洋

小作調停法の制定によって設けられた小作官は第二次世界大戦後の農地改革を転機とした日本農業の夜明けとともに姿を消した。今日、農林水産省組織規程で本省経営局構造改善課および地方農政局生産経営部経営課に各一名の小作官が設けられ、都道府県には小作主事が配置されているが、かつてのような重責を担うポストではない。小作官の名前には馴染みが薄いのはそのためである。

横山が小作官で活躍した第一次世界大戦後の一九二〇年代前半から一九三〇年代後半までを振り返ると、自作地と小作地との割合は半々であり、農業者のうち三分の二は何らかの小作関係を背負っていた。そうした土地所有の状況下で、第一次世界大戦の終結を境にして不作による小作料減免などを争点にした小作争議が西日本を中心にして展開された。さらに、昭和の時代になり、世界大恐慌、昭和恐慌が農村を容赦なく襲い、小作料値上げ、小作地の引上げなど地主側の事情をも巻き込んだ小作争議は北日本に波及していった。日本農業は第一次、第二次の二つの大戦の狭間で小作関係のしがらみを引きずりながら、近代化へ脱皮する生みの苦しみを味わう時代であったといっても過言ではないだろう。

本書の主題は小作官・横山芳介の軌跡に視点を置き、小作紛争の調停をめぐる横山の活躍を法律家の目で実証的に追った。その考察から浮かび出てきたものは、日本農業の停滞と小作農民の貧困の相克に対峙した横山の素顔である。横山は国家権力を背にして小作紛争の調停に参画したというのではなく、農業の未来像について地主と小作農民との共通ビジョンを確立することを念頭に自らの持論を小作紛争の仲裁に反映させようとした。

横山は小作問題の解決には新たな社会意識に適合する立法趣旨に則る必要があるとして、小作調停法の運用にあたり、「協調主義」を取り入れることを主張した。こうした考え方はすでに静岡県農会技師時代に発表した「小作農業の改善・本論」（大正一〇年五月刊行の『県農会報』第二八三号）の中にはっきり書かれているが、地主と小作農民との関係をつぎの五項目に絞り、これらの要件のすべてを満たすことが正常な小作関係であることを強調した。小作官横山の思想的骨格をなす重要な考え方として注目されるものである。

一、地主、小作者はいずれも社会的地位に何らの優劣なくして同等の人権者であること。
一、地主、小作者相互の権利および義務の範囲を明確にしてかつこれを尊重すること。
一、地主、小作者の契約はその一方の当事者が変更されても合意の上にあらざれば条件は継続されること。
一、小作料の決定は地主、小作者相互の協定によること。
一、土地改良の保障を定めること。

静岡県の農業は富士川、安倍川、大井川、天竜川の流域の豊かな土壌の上に発達し、温暖な気候条件が加わって、農業生産における単位当りの収穫量や売上額は全国平均をはるかに上回っていた。蜜柑、茶は有力な輸出農産物であり、これに加えて、東京と名古屋の大消費都市を控え、農産物の種類が多く、消費者からの声が身近に聞こえてくるという有利な地理的条件下にあった。小作農民といえども商品経済に対する感覚は鋭かったのである。また、富士山の伏流水を利用した製紙工場や浜松の楽器工場が繁栄を極め、これらの産業の影響を受けた静岡県農業は独特の地位を築いていた。

このような風土によって育まれた農業はかえって小作問題の提起を阻んだ。小作調停法が制定された大正一三年（一九二四年）から六年間の小作紛争件数は全国の一万二八四一件に対して静岡県は一九二件（一・五％）であった。小作紛争が激しくなった一九三〇年代初期の六年間では全国が二万五九六三件に倍増したのに比べ、静岡県は一九二件（〇・七％）と横ばいであったことからもその低迷ぶりは想像できる。

静岡県の農業は表面的には平穏に推移していたが、横山は農民の陳腐な精神に警鐘を鳴らし、農業経営の意欲の喚起を促し、農業近代化に向けたいくつかの布石を打った。その布石は単なる構想ではなく、全国小作官会議の席上でも、中央官庁に対しても繰り返し具体策を提言し、自らの構想を小作紛争の調停に反映させたのである。

その一つは小作農民の意識改革であった。横山は地主の従属のもとに甘んじる小作農民の意識の貧困を憂い、農業者としての自覚と意識の向上を促した。もともと横山は小作関係を地主対小作農民の対立、従属という図式としてとらえようとしたのではなく、農業の発展は両者の共同の精神なくしては実現し得ないと確信していたので、小作農民は農地の賃借問題に腐心するのではなく、地主と対等の立場で農業の現場と対峙することを提起した。第二部で横山を「小作保護官」と名づけたのはまさにむべなるかなである。

二つ目の布石は地主に対する小作契約の是正であった。昭和不況時には平穏な静岡県でも各地で小作紛争が頻発した。第二部で紹介した大岡村種畜場調停事件や蜜柑園における調停事件はこの時期に起こったものであるが、小作契約のずさんさを指摘して地主の譲歩を迫り、迅速かつ合理的に紛争を解決することができたのは、地主と小作農民は小作契約上は対等でなければならないという横山の信念がいかに確固たるものであったかの証しである。

当時の慣行として、小作契約は文書によることはむしろ例外であり、大部分は期限を定めない口約束であった。したがって、地主のさじ加減ひとつで契約はどうにでもなり、小作地の解約や小作料の変更を不意にいい渡されたり、債務の不履行を口実に農作物を差押さえられたりすることは日常茶飯事であった。横山はこの慣行に憂慮の念を抱き、小作契約の是正を執拗に地主に迫ったのである。

横山の開明的実務家としての実像は第二部でかなり詳細に解きほぐされた。横山の基本姿勢は地主、小作農民のいずれに偏することなく、農業の未来像に視点を置いて小作紛争の調停にあたったことであるが、そのルーツは札幌時代にあったような気がしてならない。第一部に多くの紙面を割いたのはそのためであった。

横山は学生時代に札幌の遠友夜学校で救済実践を体験し、農科大学では「実学」たる農学を学んだ。救済実践は開明的実務家横山の実相とでもいうべきものであり、小作農民に哀れみを寄せて物資や金銭を与えるのではなく、小作農民に農業は国力の基盤であるという自覚を促し、食糧生産業の一翼を担う意欲の高揚を求めた。

横山は農学は農業の発展に貢献する学問でなければならないという信念をもち、農会の技師時代にも、小作官時代にも、いかにしたら農学を農業の現場に反映させることができるか試行錯誤の限りを尽くした。当時、小作官は国家権力の先兵であると陰口を叩かれていたが、逆に横山が小作農民から深く慕われたのは、横山の健気な姿勢を小作農民はよく見ていたからだろう。

今日、日本農業は不振にあえいでいる。一九六〇年代以降の高度経済成長期を境に農業、農村を取り巻く社会環境は一変した。せっかく農地改革で自作農になったというのに、土地を売って都会へ出ていく者が相つぎ、農業を継続する後継者問題が深刻化し、それに加えて貿易の自由化の波が容赦なく押し寄せ、農業の社会経済的地位は確実に低下してしまった。農業就業人口の減少、耕作面積の減少、輸入農産物の増加など現下の情勢を思うとき、条件が整わないまま、うわべだけを取り繕って実施された農地改革は、その後の農業の発展にどんな成果をもたらし、何を失ったのかをあらためて検証してみる必要があるのではないか。日本農業が近代化への生みの苦しみを味わっていた時代にその胎動の響きを肌で受け止めながら、小作紛争の調停に取り組んだ小作官の今日的意義はまさにそこにあるものと考える。開明的実務家として期待されながら、志半ばにして散った横山も間違いなく小作官の一人であった。

北の大地の四季を詠んだ恵迪寮寮歌「都ぞ弥生」は横山の自然に対する畏敬の原点である。厳しい気候の中で芽生えた「大志(野心)」の一粒を横山は温暖な気候の静岡の土壌に播いた。大樹に育ち、花が咲き、実を結ぶ前に横山は世を去ってしまったが、協調主義による日本農業の特色ある発展を願って止まなかった横山の理想は、はたして今日の日本農業において実現されているといえるのだろうか。

田嶋謙三（たじま けんぞう）

職業　技術士（テクノフォレスト株式会社技術顧問）
履歴　1932年，埼玉県生まれ
1960年，北海道大学農学部林学科卒業
林野庁営林署長，伊藤忠林業企画部長，パルプ合弁企業（ブラジル）森林担当取締役など歴任
主著　『森林の復活』〈朝日選書〉（朝日新聞社，2000年）

塩谷　雄（しおのや ゆう）

職業　弁護士（東京弁護士会所属）
履歴　1933年，埼玉県生まれ
1962年，北海道大学大学院法学研究科修士課程修了
東京高裁判事，札幌・浦和各地裁総括判事，金沢・静岡各家裁所長など歴任

大高全洋（おおたか ぜんよう）

職業　山形大学教授（農業経済学専攻）
履歴　1937年，千葉県生まれ
1964年，北海道大学大学院農学研究科博士課程中退
酪農学園大学助教授，山形大学助教授など歴任
主著　『酪連史の研究』（日本経済評論社，1979年）

北大寮歌「都ぞ弥生」の作詞者
小作官・横山芳介の足跡

2003年3月31日　第1刷発行

著者　田嶋謙三
　　　塩谷　雄
　　　大高全洋
発行者　佐伯　浩

発行所　北海道大学図書刊行会
札幌市北区北9条西8丁目北海道大学構内（〒060-0809）
Tel. 011(747)2308・Fax. 011(736)8605／http://www.hup.gr.jp

興国印刷

ISBN 4-8329-3351-5